Kleine Künstler am Werk

Textiles Gestalten für kleine Hände

Basteln mit Pompons

OZ creativ

Kleine Künstler am Werk

Textiles Gestalten für kleine Hände

Basteln mit Pompons

Textiles Gestalten für kleine Hände

Basteln mit Pompons

Zauberhafte Pompons

Was kann man mit Wolle sonst noch machen, außer Pullover und Schals stricken?

Mit ein paar Tricks verwandelt sich die Wolle in einen lustigen Pompon!
Aus einem Wollknäuel kann ein Schlüsselanhänger, ein Handy-Anhänger, eine Haarnadel oder sogar in ein farbenprächtiger Blumentopf entstehen.

Herzlich willkommen in der wunderbaren Welt der Pompons!

Werkzeuge und Material

Schere

Am besten eine scharfe Schere benutzen, mit der sich die um die Pappringe gewickelte Wolle gut schneiden lässt.

Pinzette

Um feine und kleine Gegenstände, wie Perlen, zu greifen.

Weißkleber oder schnell trocknender Universalkleber

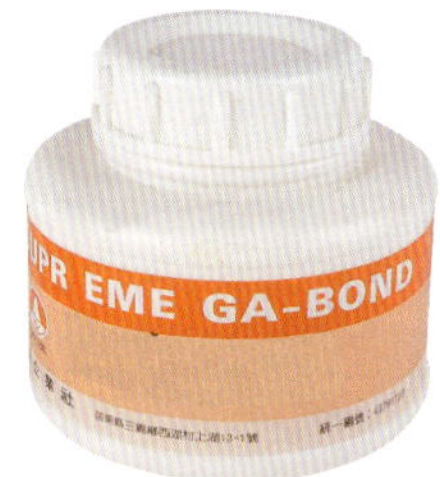

Für alle Stellen, die schwer zu fixieren sind.

Harzkleber

Um Filz auf die Pompons und die Accessoires zu kleben.

Bastelmesser

Unentbehrliches Schneidewerkzeug.

Rostfreier Eisendraht

Für die Schnurrhaare eines Tieres oder für einen Fingerring.

Nadel und Faden

Für das Basteln von Pompons. Mit schwarzem Faden lässt sich z. B. ein Mund darstellen.

Kupferdraht

Zum Beispiel für die Barthaare eines Drachen oder um ein Glöckchen am Hals einer Kuh zu befestigen.

Weiße Acrylfarbe

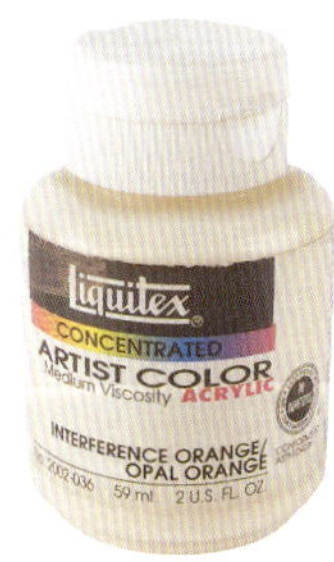

Um den Blick leuchtender aussehen zu lassen.

Perlonfaden

Um die Wollfäden in der Mitte des Pompons zusammenzuknoten. Schwarzer Faden kann auch für die Schnurrhaare von Tieren benutzt werden.

Ordnungskasten

Um Perlen und Wackelaugen aufzubewahren.

Pastellkreide

Um Pompons anzumalen, z. B. die Wangen der Figuren.

Schwarze Perlen

Mit den im Fachhandel erhältlichen Perlen lassen sich die Augen der Figuren darstellen.

Wackelaugen

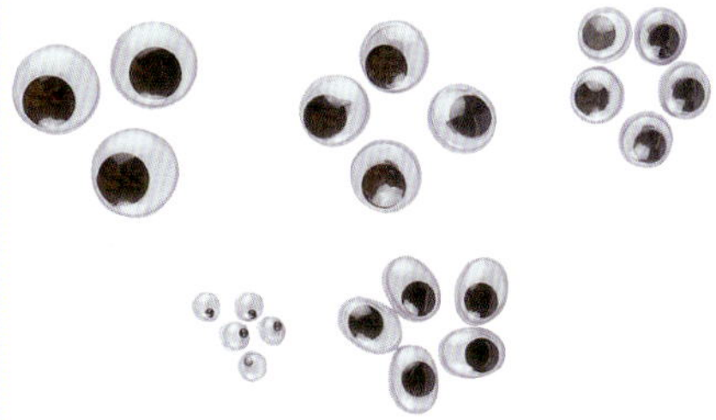

Diese sind in unterschiedlichen Größen im Fachhandel erhältlich.

Glöckchen

Wenn sie am Hals der Pomponfiguren angebracht werden, klimpern diese lustig.

Schlüsselanhänger mit Kette

Daran kann ein hübscher Pompon angehängt werden.

Haarspangen, Haarklammern, Haarnadeln, Haargummis

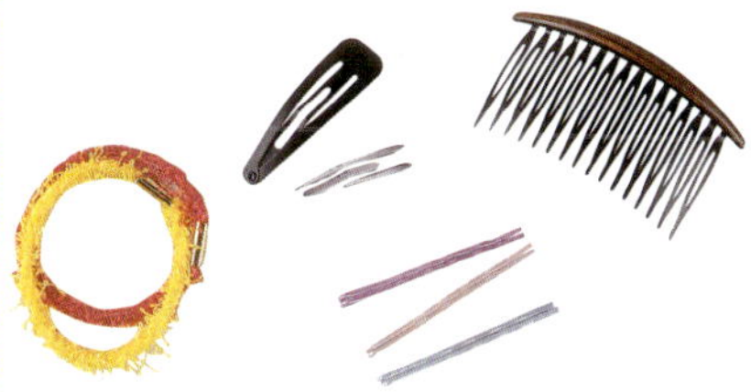

An diesen können bunte Pompons befestigt werden.

Herzförmige Perlen

Zum Verzieren von Pompons.

Staubblätter von künstlichen Blumen

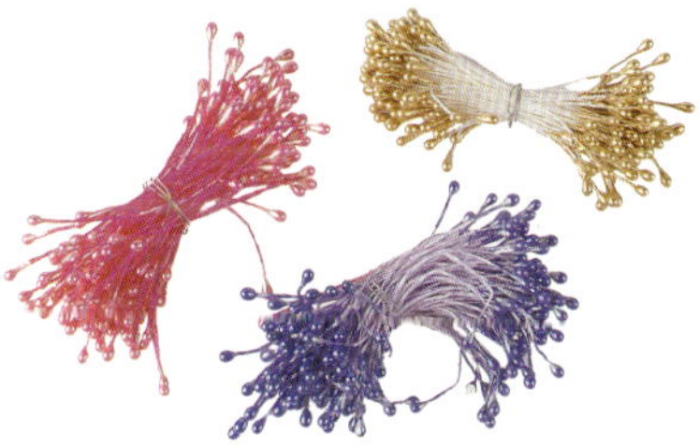

Für die Fühler von Bienen oder anderen Insekten.

Wollknäuel in verschiedenen Farben

Zum Basteln von den unterschiedlichsten Pompons.

Filz in verschiedenen Farben

Wird in unterschiedlichen Formen zugeschnitten und mit Harzleim direkt auf die Pompons geklebt.

Mini-Pompons

In verschiedenen Farben erhältlich, dienen sie zur Verzierung der einfachen Pompons. Man befestigt sie dabei direkt an den Pompons.

Chenilledraht

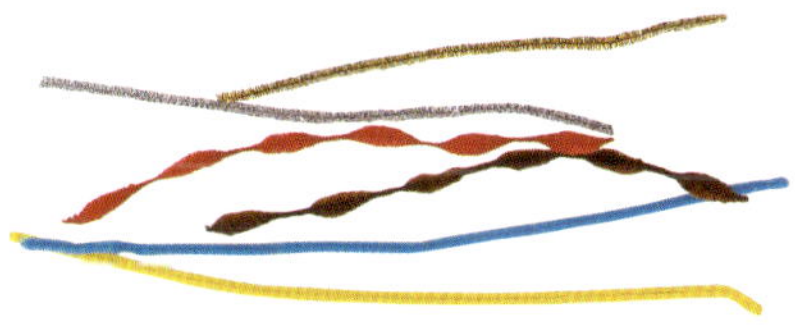

Man kann ihn leicht biegen und aufwickeln; er kann z.B. Hörner von Widdern oder Geweihe von Rentieren darstellen.

Geflochtener Riemen

Zum Verzieren und Tragen der in diesem Buch vorgestellten Tasche.

Grundtechniken

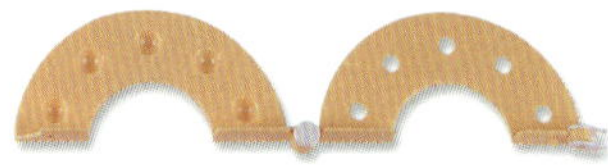

Zur Anfertigung von Pompons gibt es im Fachhandel fertige Plastikringe. Sie enthalten mehrere Scheiben mit unterschiedlichen Durchmessern.
Am einfachsten ist es jedoch, wenn du die Ringe aus fester Pappe selbst herstellst.

Häufig verwendete Durchmessergrößen

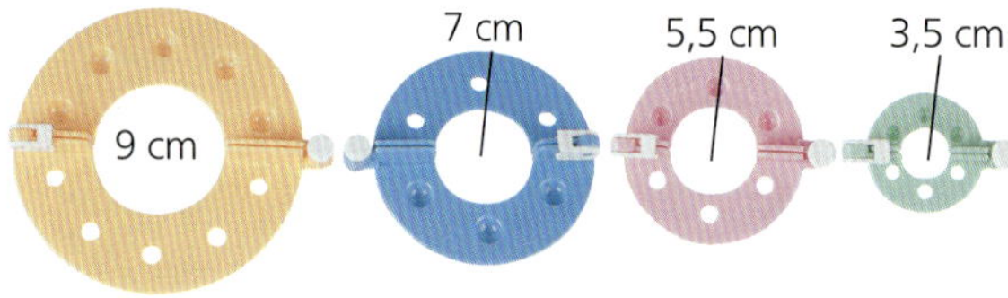

Unterschiedlich große Pompons. Für Haarspangen, Haarnadeln, Haarklammern und Haargummis kannst du noch kleinere Pappringe basteln.

Bastle einen Pompon mit Hilfe von zwei Pappringen

1

Zeichne zwei Kreise auf feste Pappe und schneide sie aus. Zeichne in die Mitte jedes Kreises noch einen kleineren Kreis und schneide ihn aus. Der Durchmesser jedes Pompons entspricht der Größe der Ringfläche. Schneide beide Ringe der Länge nach in der Mitte durch.

2

Lege die Ringhälften aufeinander und umwickle sie mit Wolle.

3

Halte die Wolle gut fest, während du sie gleichmäßig um den Karton wickelst.

4

Wickle die Wolle so lange um die Ringhälften, bis dein Pompon die gewünschte Dicke erreicht hat.

5

Schiebe die Spitze der Schere zwischen die beiden Pappringe und schneide die Wollfäden ringsherum durch.

6

Schiebe die beiden Pappringe vorsichtig etwas auseinander, ziehe einen Perlonfaden oder Wollfaden der gleichen Farbe durch den Spalt und verknote den Faden gut.

7

Entferne nun den Karton. Der Pompon bekommt nun ganz von selbst seine Form. Schneide alle überstehenden Wollfäden ab.

8

Damit du einen hübschen Pompon erhältst, schneide ihn in eine gleichmäßige Kugelform.

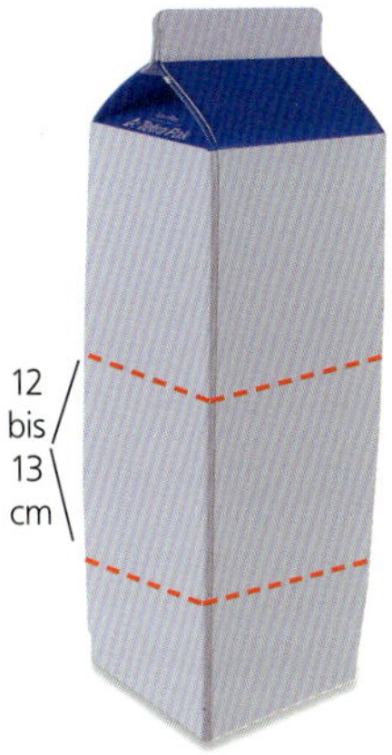

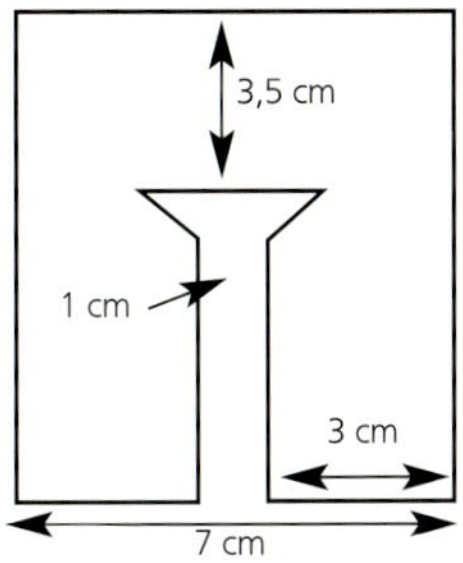

Schneide wie in der Abbildung ein Stück aus einem Milchkarton, falte dieses zur Hälfte. Auf diese Weise kannst du verschieden große Pompons basteln. Versuche es einmal!

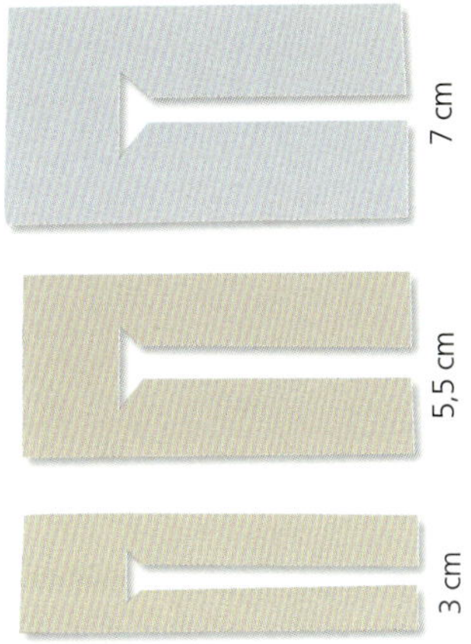

Ein Tipp, damit deine Wollfäden nicht überall herumfliegen

Nimm einen Karton. Klebe den Deckel im Karton fest. Schneide auf jeder Seite ein Loch in den Karton und strecke deine Hände hindurch. So kannst du im Innern des Kartons deine Pompons in Form schneiden, ohne dass sich die Wollfäden in alle Richtungen zerstreuen.

Bastle einen Pompon mit Hilfe eines Rechtecks aus Karton

1

Wickle den Wollfaden wie auf dem Foto um den Karton.

2

Wickle so lange, bis du die gewünschte Dicke deines Pompons erhältst.

3

Nimm einen anderen Wollfaden und binde ihn um die Wolle, indem du ihn durch den Spalt in der Mitte des Kartons führst. Verknote den Faden gut.

4

Schiebe die Scherenspitze wie im Foto zwischen Karton und Wolle und schneide die Wolle vorsichtig auf beiden Seiten durch.

5

Der Pompon erhält seine Form von ganz alleine, aber die Fäden sind unregelmäßig lang.

6

Kürze die Fäden mit der Schere, bis du eine gleichmäßige Kugelform erhältst.

Fantasie-Übung

Woran denkst du bei einem Kreis?
Stell dir vor, was alles aus einem Kreis werden kann.
Ein Ball?
Eine Orange?
Eine Melone?
Der Mond?

Nimm einen Stift und lasse deiner Fantasie freien Lauf!

I. Teil

Figuren aus einem einzigen Pompon

Nachdem du eine gleichmäßige Kugel gebastelt hast, kannst du Perlen und Filzstücke aufkleben oder mit Nadel und Faden annähen. Das ist sehr einfach und du kannst auf diese Weise wunderschöne Pompon-Figuren basteln.

1

Kleiner Küken-Korb

Die Küken sind ganz einfach gemacht: Bastle ein paar Pompons und füge bei jedem noch Augen, einen Schnabel, Ohren und Füße hinzu …
Und schon sagen dir die gerade geschlüpften Küken hallo!

So wird es gemacht

Material:

Wollknäuel in Gelb und Weiß
Filz in Orange
Schwarze Perlen, Ø 3 mm
Nähgarn-Faden in Schwarz, 10 cm lange

Für die schwarze Linie des Schnabels ziehst du mit einem in Kleber getunkten Zahnstocher eine Linie auf den Filz. Dann schneidest du den schwarzen Faden in der richtigen Länge ab und drückst ihn auf der Klebestelle fest.

Vorlagen

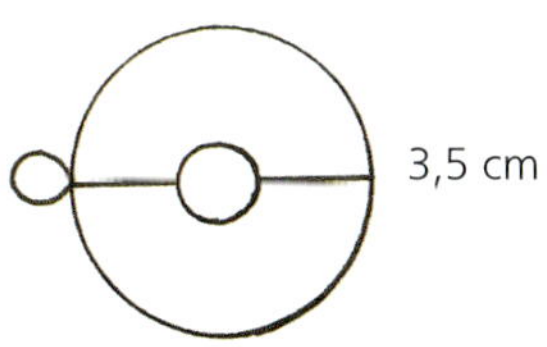

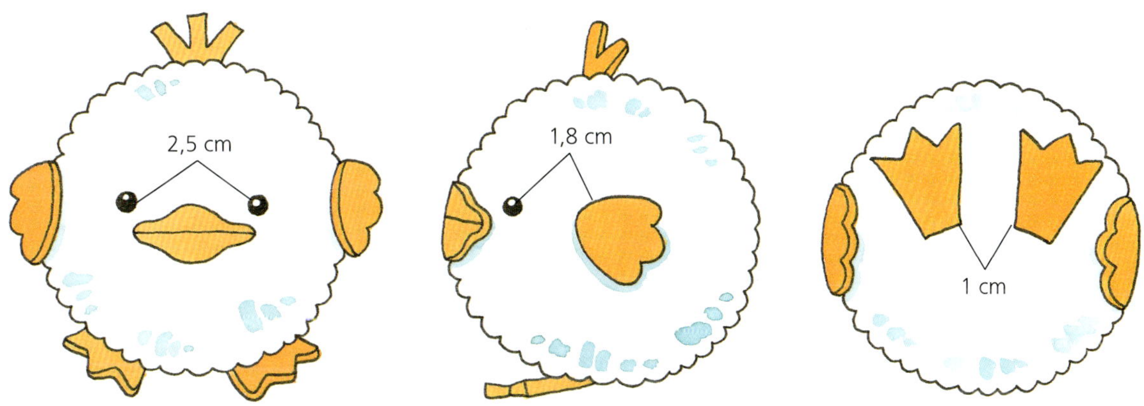

2

Lustige Freunde

Verziere deinen Schlüsselanhänger mit liebenswerten, originellen Pompon-Figuren, indem du sie am Kettchen des Anhängers befestigst.

So wird es gemacht

Die Vorlagen findest du auf Seite 58.

Material:

Wolle in Weiß
Filz in Schwarz und Weiß

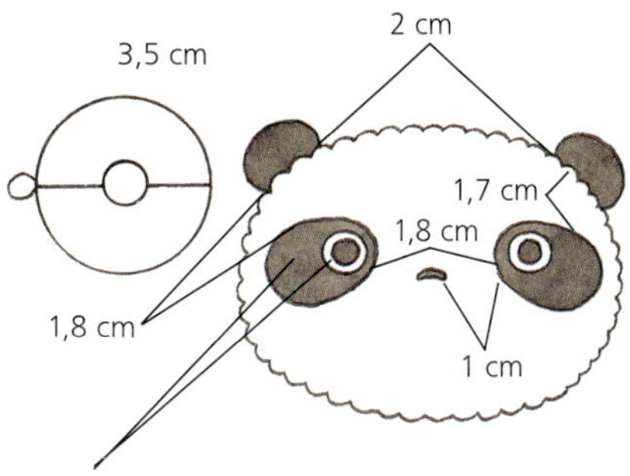

Klebe drei Filzstücke unterschiedlicher Größe übereinander.

Material:

Wolle in Dunkelbraun
Filz in Schwarz und Weiß

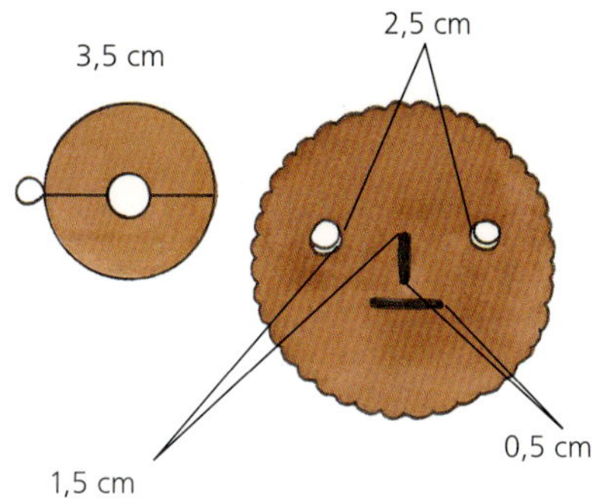

Material:

Wolle in Schwarz
Filz in Weiß, Gelb und Schwarz
2 schwarze Perlen, Ø 3 mm

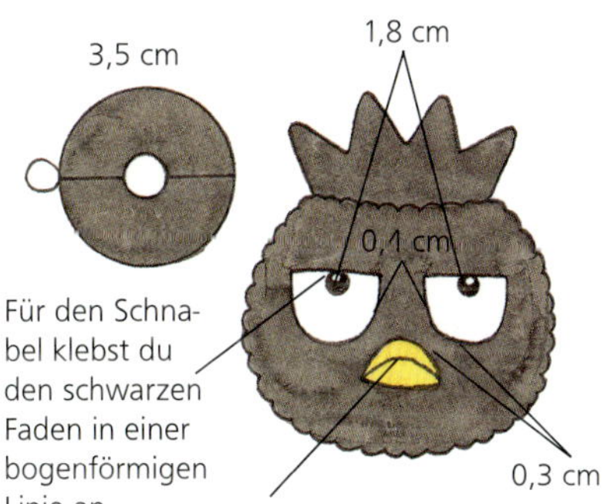

Für den Schnabel klebst du den schwarzen Faden in einer bogenförmigen Linie an.

Klebe für einen bösen Blick die Pupillen oben in die Mitte.

Material:

Wolle in Blau und Weiß
Filz in Rot, Orange und Weiß
2 schwarze Perlen, Ø 3 mm
Perlonfaden in Schwarz, ca. 10 cm lang

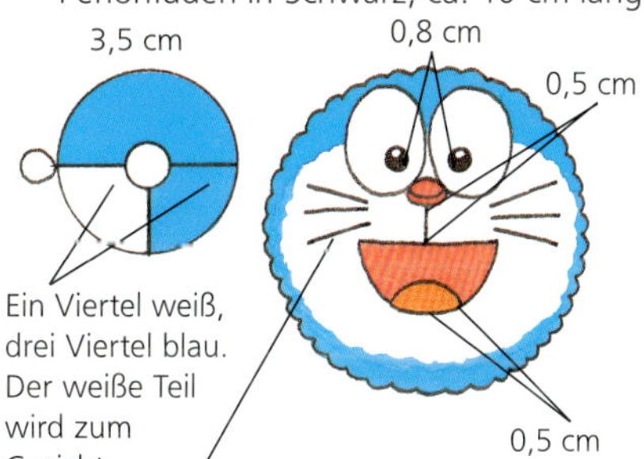

Ein Viertel weiß, drei Viertel blau. Der weiße Teil wird zum Gesicht.

Für die Schnurrhaare klebst du schwarze Perlonfäden von 1,5 cm Länge auf.

Material:

Wolle in Weiß
Filz in Weiß, Rot und Grau
2 kleine gelbe Pompons

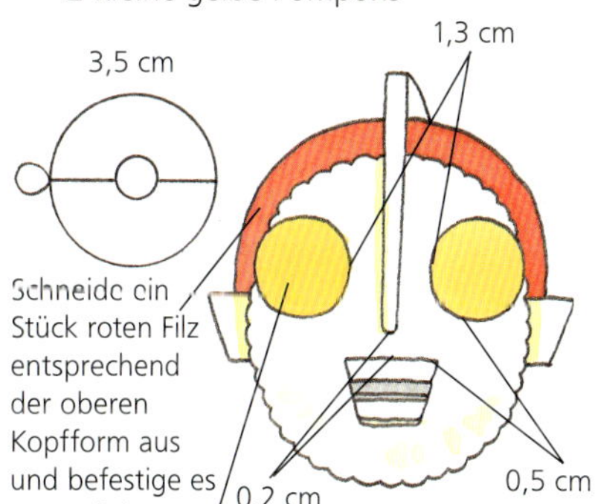

Schneide ein Stück roten Filz entsprechend der oberen Kopfform aus und befestige es gut auf dem Pompon.

Klebe die gelben Pompons als Augen auf.

Material:

Wolle in Gelb
Filz in Schwarz und Braun
2 schwarze Perlen, Ø 3 mm

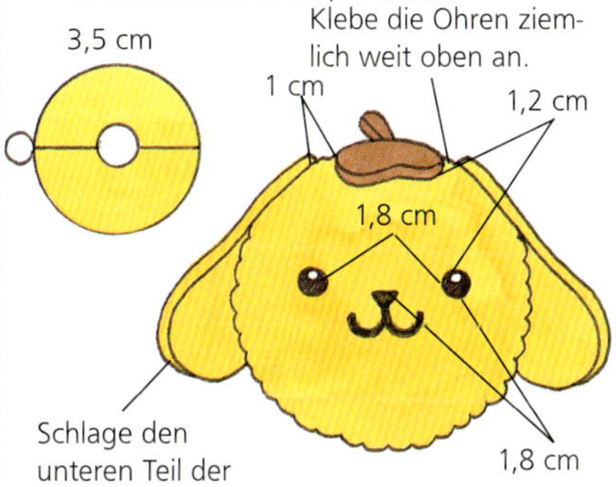

Klebe die Ohren ziemlich weit oben an.

Schlage den unteren Teil der Ohren ein wenig nach innen.

Material:

Wolle in Braun
Filz in Schwarz und Rot
Kleine rote Pompons
2 ovale schwarze Perlen, Ø 6 mm

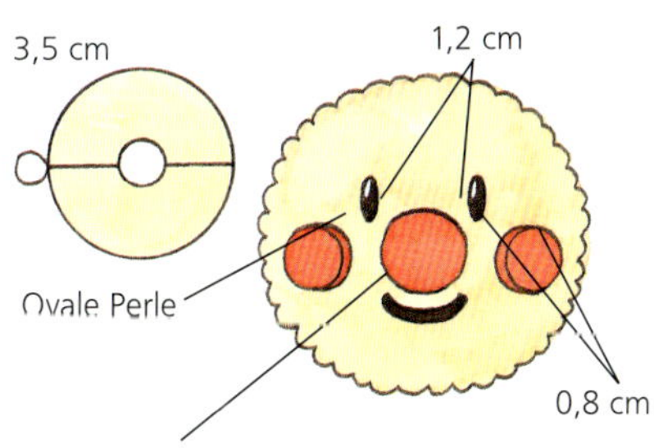

Klebe einen kleinen roten Pompon als Nase auf.

Material:

Wolle in Orange
Filz in Dunkelorange, Weiß und Hellgelb
2 schwarze Perlen, Ø 3 mm

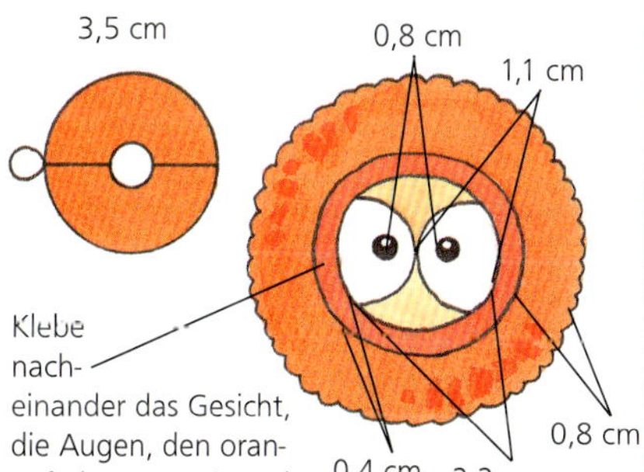

Klebe nacheinander das Gesicht, die Augen, den orangefarbenen Kreis und die Pupillen auf.

3

Im Zoo

Aus einem einfachen Pompon kannst du auch all die Tiere basteln, die du im Zoo gesehen hast: einen Koala, einen Pinguin, einen Elefanten, einen Löwen ...

Löwe

Material:

Wolle in Gelb
Filz in Beige, Hautfarbe und Orangerot
2 kleine beigefarbene Pompons
2 schwarze Perlen, Ø 6 mm

Hirsch

Material:

Wolle in Braun
Filz in Hellbraun
2 kleine beigefarbene, 1 kleiner gelber Pompon, 1 Chenilledraht in Braun
2 schwarze Perlen, Ø 3 mm

Affe

Material:

Wolle in Schokobraun
Filz in Dunkelbraun und Hautfarbe
2 schwarze Perlen, Ø 3 mm

Löwe

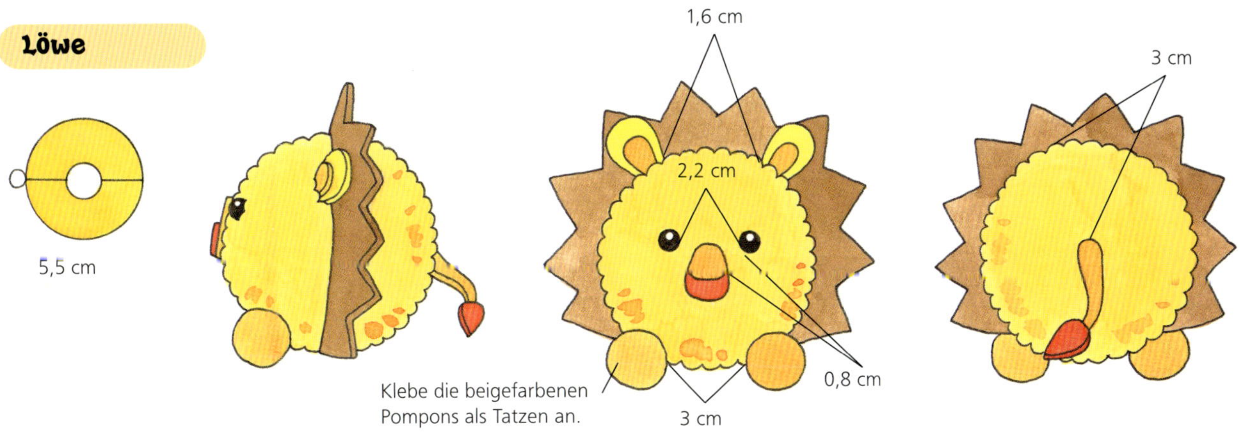

Hirsch

Affe

Die Vorlagen findest du auf Seite 58.

Elefant

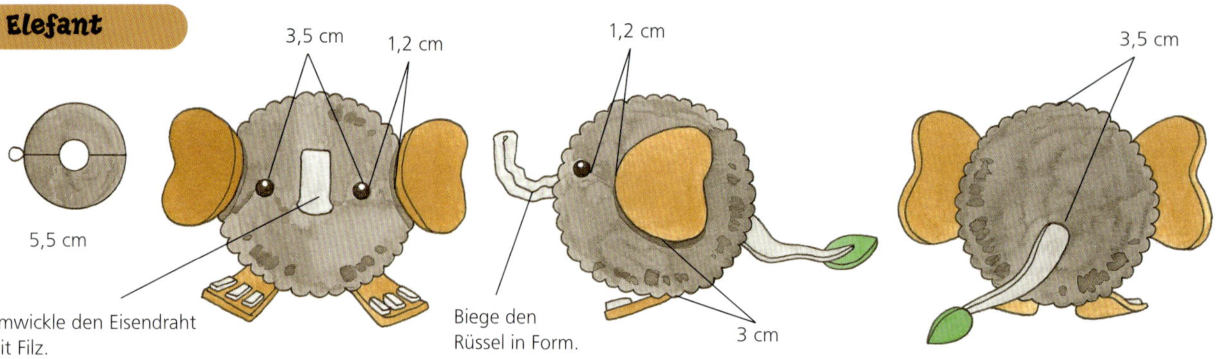

Koalabär

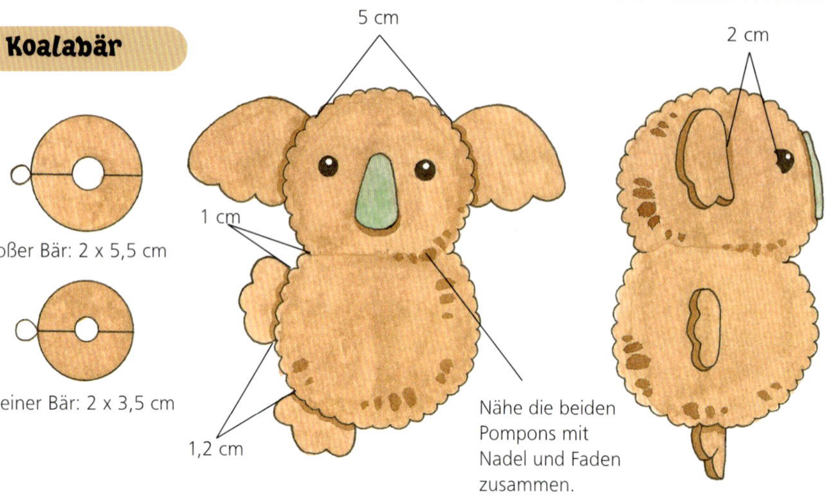

Elefant

Material:

Wolle in Grau
Filz in Hellbraun, Grau und Dunkelgrün
2 schwarze Perlen, Ø 3 mm

Koalabär

Material:

Wolle in Beige
Filz in Beige
2 schwarze Perlen, Ø 6 mm
2 schwarze Perlen, Ø 3 mm

Die Koala-Mama und ihr Kleines ruhen sich aus.

Die Vorlagen findest du auf Seite 58.

Hamster

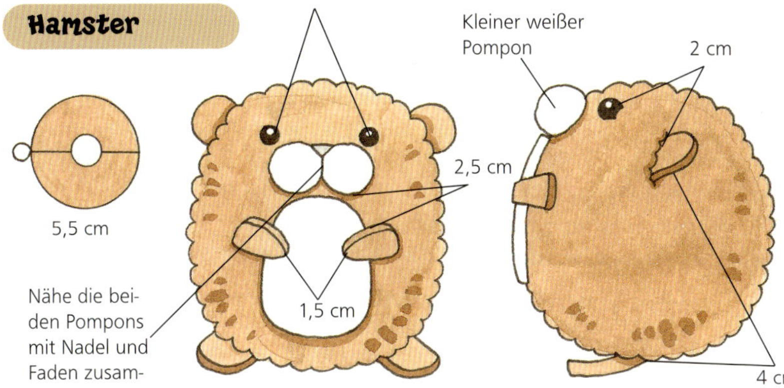

Pinguin

Sehe ich nicht schön aus?

Hamster

Material:

Wolle in Beige
Filz in Hautfarbe und Weiß
2 kleine weiße Pompons
2 schwarze Perlen, Ø 3 mm

Pinguin

Material:

Wolle in Schwarz und Weiß
Filz in Schwarz, Weiß, Gelb und Rot
2 schwarze Perlen, Ø 3 mm
Gelbe Pastellkreide, weiße Acrylfarbe

Färbe die Brust des Pinguins mit Pastellkreide.

Male mit weißer Acrylfarbe einen Punkt auf die Pupille.

Die Vorlagen findest du auf Seite 58.

4.

Im Garten zuhause

Viel Spaß macht es auch, Insekten zu basteln.
Benutze hierfür bunte Pfeifenputzer und Staubgefäße von künstlichen Blumen.
Es sieht hübsch aus, wenn du mit deinen kleinen
Figuren Blumenvasen dekorierst.

Biene

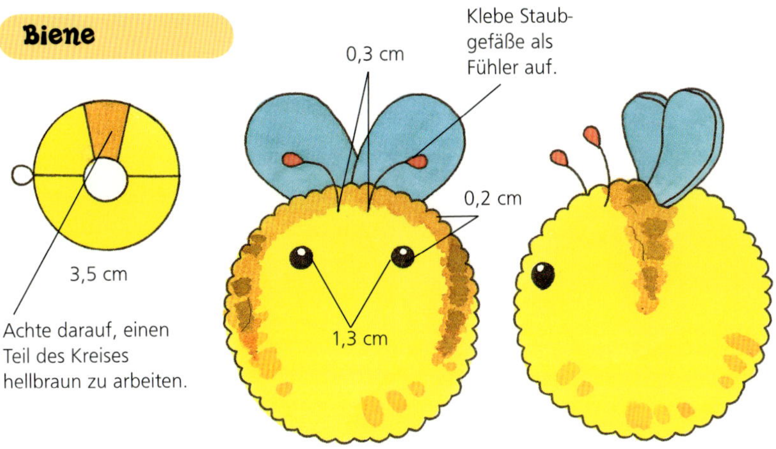

Marienkäfer

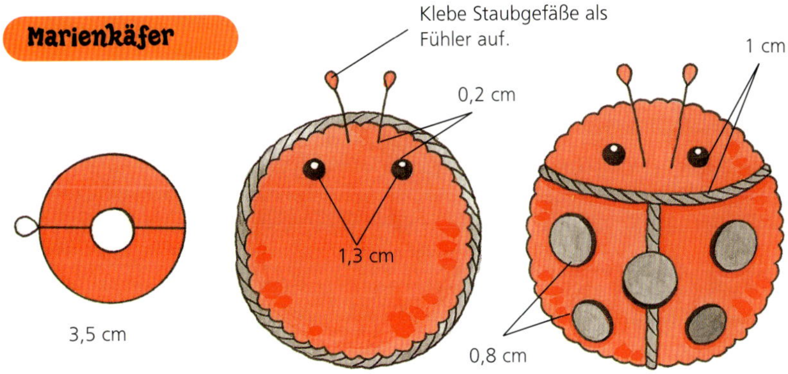

Schnecke

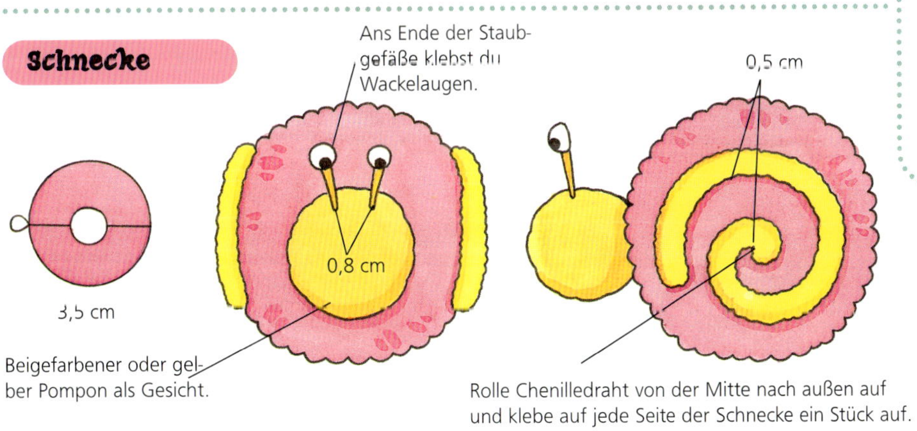

Käfer

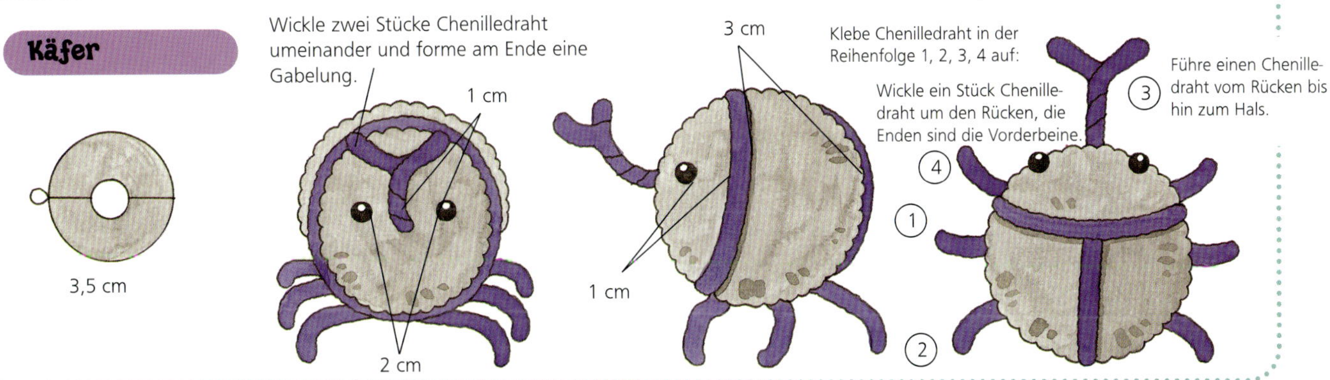

Biene

Material:

Wolle in Gelb und Braun
Filz in Blau
2 schwarze Perlen, Ø 4 mm
2 rote Staubgefäße für die Fühler

Marienkäfer

Material:

Wolle in Rot, Filz in Schwarz
2 schwarze Perlen, Ø 4 mm
2 rote Staubgefäße für die Fühler

Schnecke

Material:

Wolle in Leuchtend-Rosa
Kleine beigefarbene Pompons
Gelber Chenilledraht
2 gelbe Staubgefäße für die Fühler
2 Wackelaugen, Ø 3 mm

Käfer

Material:

Wolle in Grau
2 Stücke Chenilledraht in Violett
2 schwarze Perlen, Ø 6 mm

Wickle zwei Pfeifenputzer umeinander, um die Fühler zu formen.

Die Vorlagen findest du auf Seite 59.

5

Meeresbewohner unter sich

Nimm ein paar Wollknäuel und bastle dir eine ganze Unterwasserwelt:
Kraken, Wale, Schildkröten, Haie, Delfine...
Viel Spaß beim Spielen!

Krake

Schildkröte

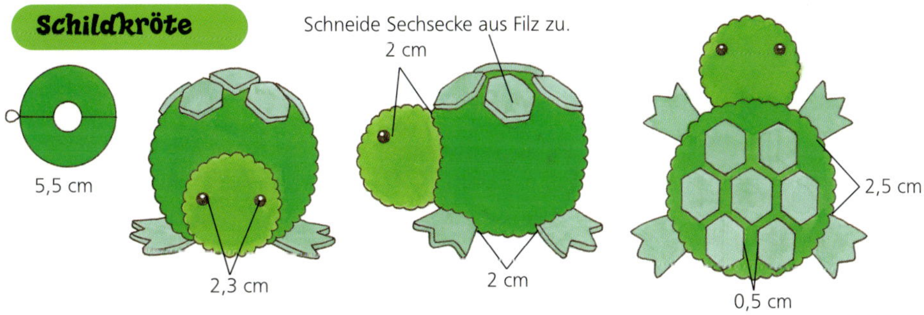

Fisch

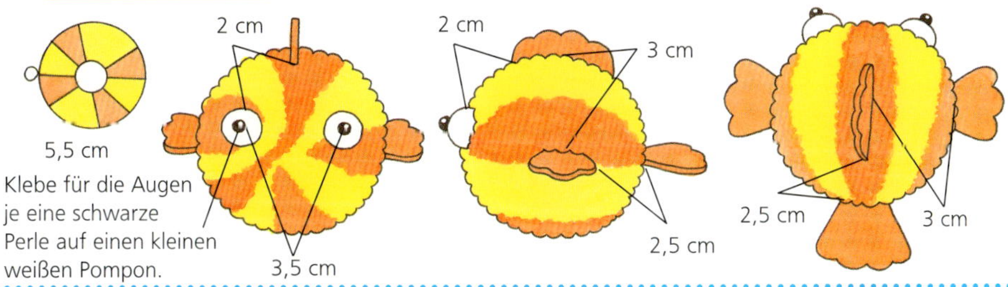

Wal

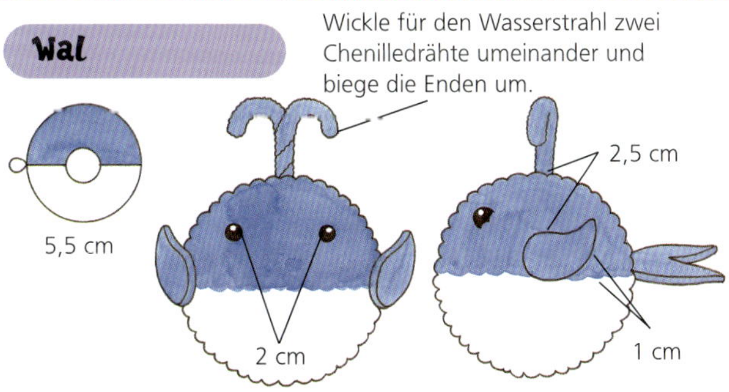

Hai

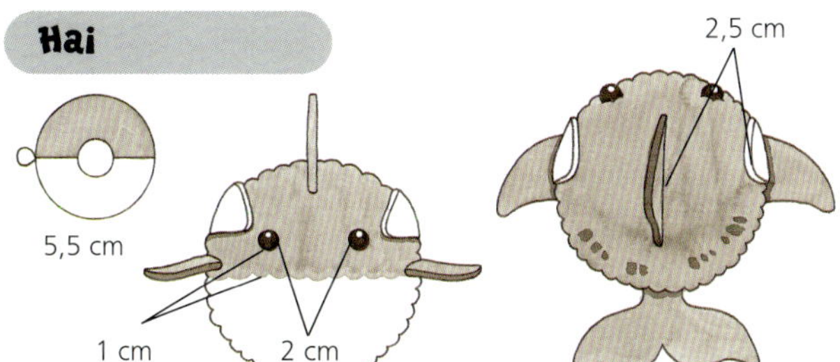

Delfin

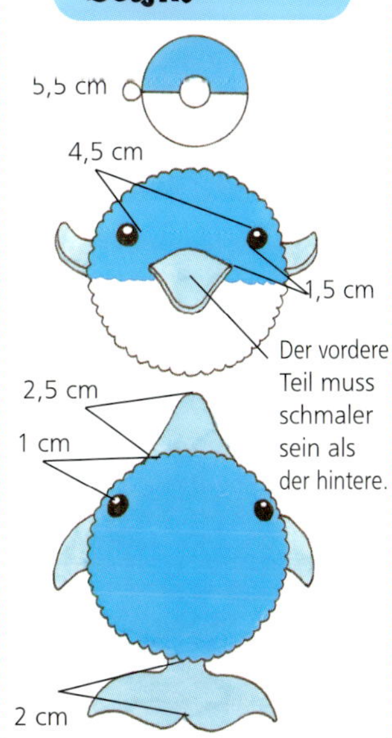

Krake

Material:

Wolle in Orange
Filz in Rot
3 orangefarbene Chenilledrähte
2 schwarze Perlen, Ø 6 mm

Schildkröte

Wolle in Dunkelgrün und Hellgrün
Filz in Hellgrün
2 schwarze Perlen, Ø 3 mm

Fisch

Wolle in Orangerot und Gelb
Filz in Orange
2 kleine weiße Pompons
2 Wackelaugen, Ø 3 mm

Wal

Wolle in Blau und Weiß
Filz in Blau
Chenilldraht in Hellblau
2 schwarze Perlen, Ø 3 mm

Hai

Wolle in Weiß und Schwarz
Filz in Schwarz und Weiß
2 schwarze Perlen, Ø 6 mm

Delfin

Wolle in Blau und Weiß
Filz in Blau
2 schwarze Perlen, Ø 6 mm

Die Vorlagen findest du auf Seite 59.

6

Fröhliche Weihnachten!

Kling Glöckchen klingelingeling...
Die Glöckchen klingeln, es ist Weihnachten.
Jetzt wird es Zeit, hübsche Dekorationen für die Festtage zu basteln.

Nikolaus

Material:

Wollknäuel in Rot und Weiß
Filz in Rot, Hautfarben und Weiß
Kleine gelbe und weiße Pompons
2 schwarze Perlen, Ø 3 mm

Vorlagen

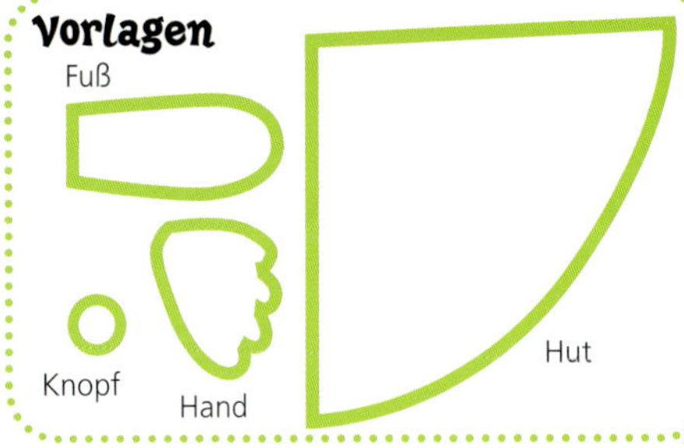

Weihnachtsbaum

Material:

Wolle in Grün
Filz in Rot und Gelb

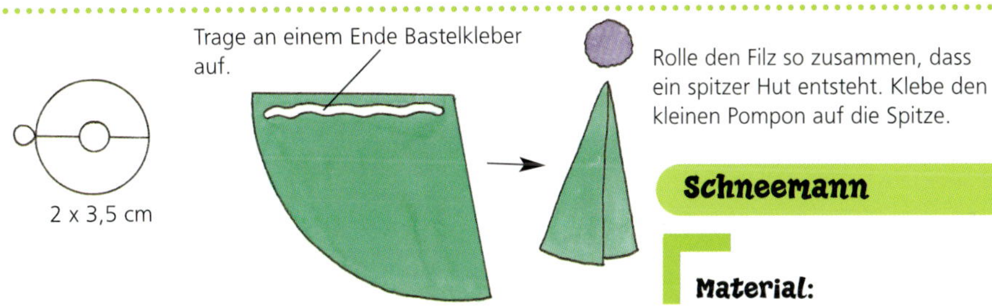

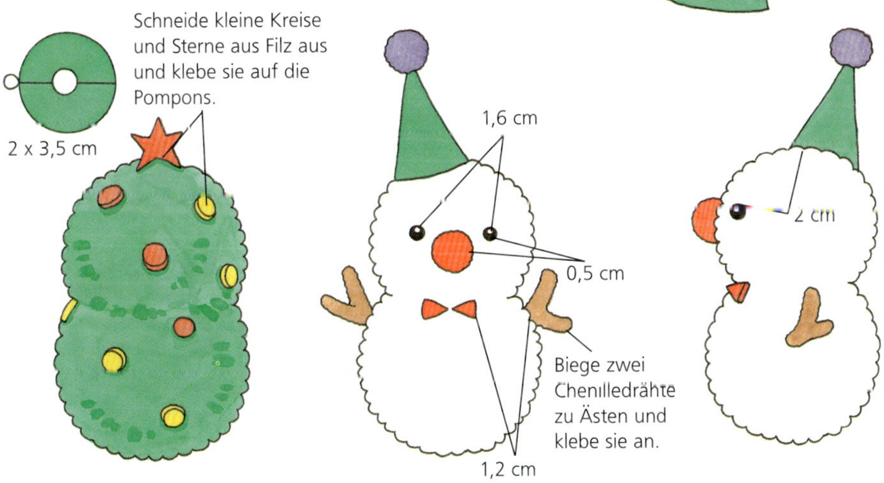

Schneemann

Material:

Wolle in Weiß
Filz in Grün und Rot
Kleine rote und violette Pompons
Chenilledraht in Braun
2 schwarze Perlen, Ø 3 mm

Vorlagen

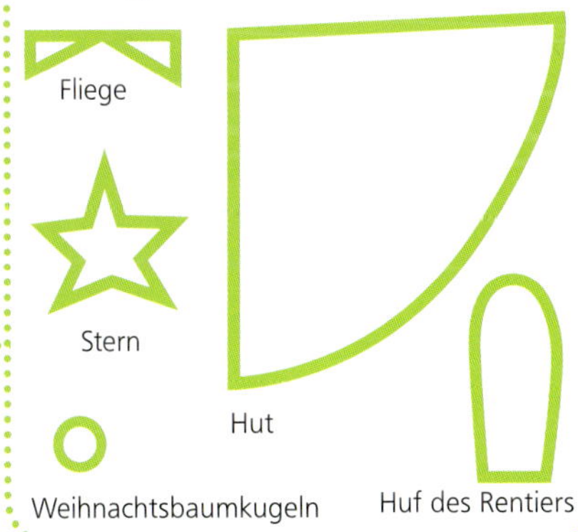

Rentier

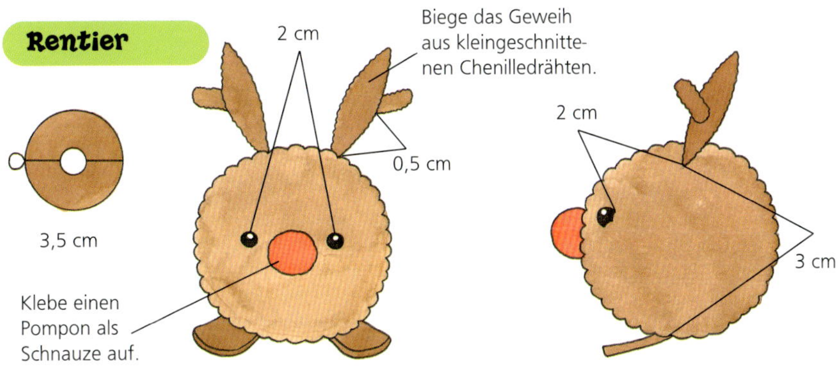

Material:

Wolle in Braun
Filz in Braun
Kleiner roter Pompon
1 Chenilledraht in Braun
2 schwarze Perlen, Ø 3 mm

II.
Teil

Figuren aus mehreren Pompons

Nachdem du nun weißt, wie einfache Pompons gemacht werden, bist du nun ein kleiner Könner und kannst bereits kompliziertere Pompons basteln.
Im Fachhandel findest du Mini-Pompons in allen Farben, mit denen du einfache Pompons variieren kannst. Du kannst auch mehrere einfache Pompons mit Nadel und einem reißfesten Faden oder mit Wolle zusammennähen.

Versuche es selbst!

I

Die zwölf chinesischen Sternzeichen

Welches ist dein chinesisches Sternzeichen? Büffel, Drache, Tiger, Ratte...?
Viel Spaß beim Basteln!

Ratte

Büffel

Tiger

Hase

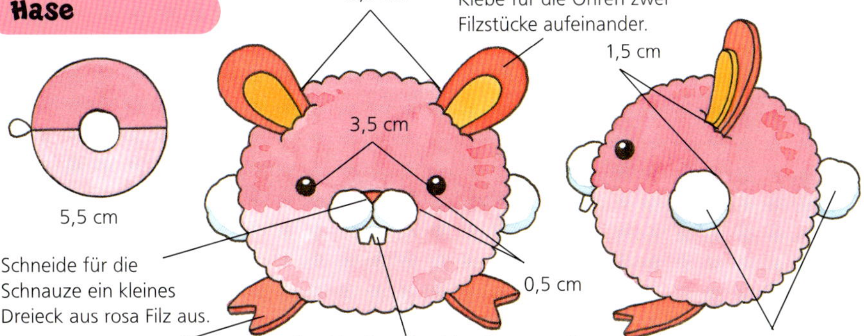

Ratte

Material:

Wolle in Grau und Weiß
Filz in Grün und Weiß
3 kleine weiße Pompons
2 schwarze Perlen, Ø 3 mm

Büffel

Material:

Wolle in Weiß
Filz in Hellgelb und Schwarz
Kleiner Pompons, 1 in Weiß, 2 in Schwarz
2 schwarze Perlen, Ø 4 mm
Lederband

Tiger

Material:

Wolle in Orange und Weiß
Filz in Schwarz, Orange und Hellgelb
3 kleine orangefarbene Pompons
2 schwarze Perlen, Ø 4 mm

Hase

Material:

Wolle in Hellrosa und Rosa
Filz in Pink, Hautfarbe und Weiß
4 kleine weiße Pompons
2 schwarze Perlen, Ø 4 mm

Die Vorlagen findest du auf Seite 60.

Drache

Für die Barthaare greifst du mit der Pinzette die beiden Enden des Lederbandes und rollst sie ein.

Wenn du den Pompon bastelst, lasse für die Rückenzacken einige Wollfäden überstehen.

Schwarzer Mini-Pompon

Für den Drachenschwanz schneidest du gelben Filz zu.

Mit Hilfe der Pinzette rollst du beide Enden des Lederbandes auf und gibst eine Tropfen Kleber darauf, damit die Barthaare gut halten.

Schlange

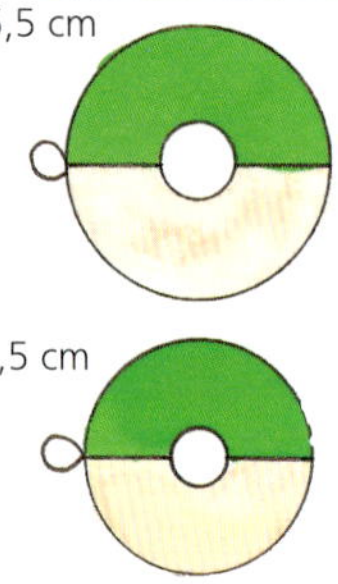

Schneide die Zunge aus rotem Filz aus und spalte sie am Ende.

Nähe die beiden Pompons mit Nadel und Faden zusammen.

Pferd

Male die Nüstern mit schwarzem Filzstift auf.

Für die Mähne schneidest du zwei lange Bänder aus Filz aus und bringst sie auf dem Rücken des Pferdes an. Füge hier und da ein paar kleine Wollfäden ein.

Als Schwanz befestigst du die Chenilledrähte.

Schwarze Mini-Pompons als Hufe.

Widder

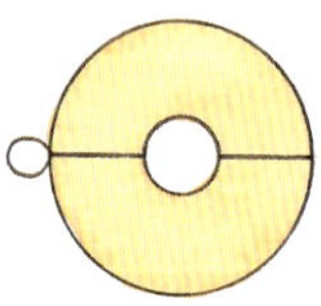

Gelber Mini-Pompon

Lege 2 Filzstücke aufeinander.

Wickle für das Fell die Wollfäden auf (wie das geht, findest du auf Seite 37).

Rolle für die Hörner einen gelben Chenilledraht von der Mitte her auf.

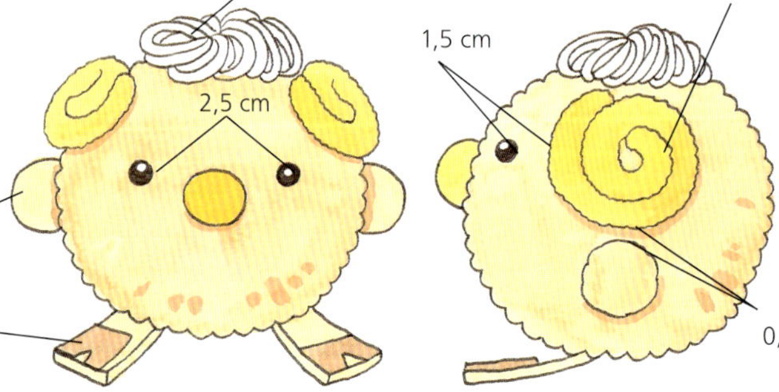

Drache

Material:

Wolle in Grün und Gelb
Filz in Orange, Braun, Grün, Gelb
Kleiner schwarzer Pompon
2 schwarze Perlen, Ø 4 mm
Lederband, 2 x 8 cm

Schlange

Material:

Wolle in Grün und Beige
Filz in Rot und Hellgrün
2 schwarze Perlen, Ø 4 mm

Pferd

Material:

Wolle in Orange und Braun
Filz in Orange und Beige
4 kleine schwarze Pompons
2 schwarze Perlen, Ø 4 mm

Widder

Material:

Wolle in Beige und Weiß
Filz in Weiß und Braun
Kleine haut- und orangefarbene Pompons
Chenilledraht in Gelb
2 schwarze Perlen, Ø 4 mm

Die Vorlagen findest du auf den Seiten 60-61.

Affe

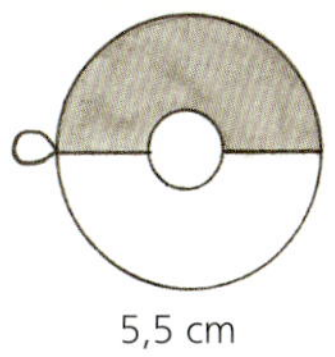

Hahn

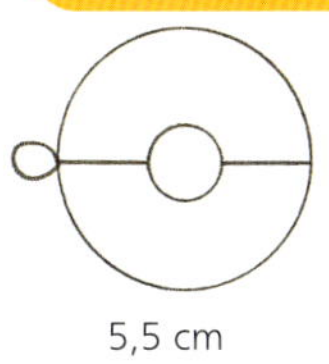

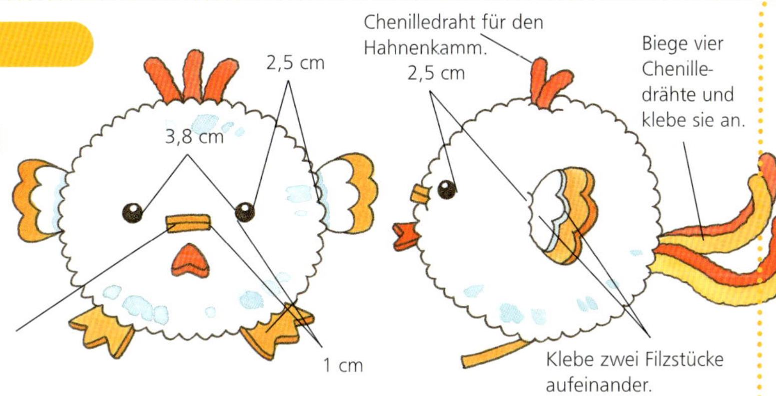

Hund

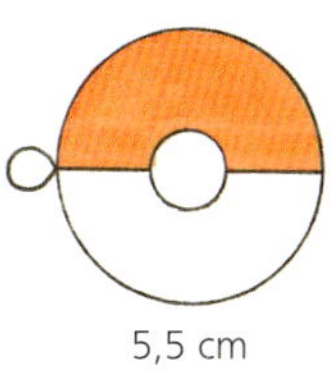

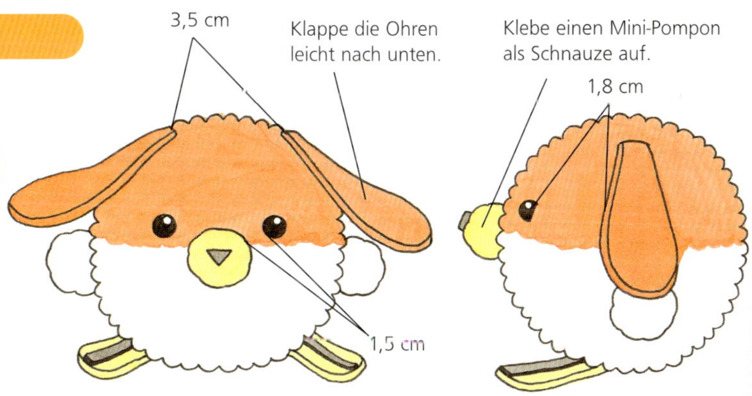

Schwein

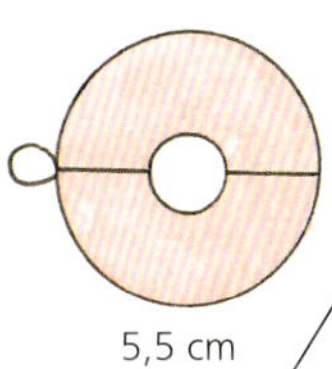

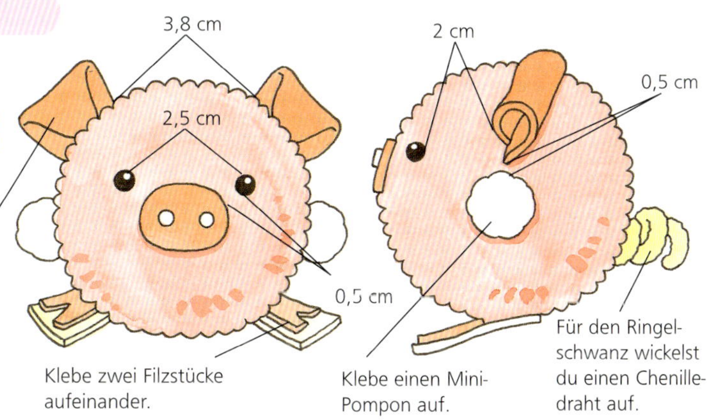

Affe

Material:

Wolle in Grau, Weiß und Schwarz
Filz in Schwarz und Beige
Chenilledraht in Braun
2 schwarze Perlen, Ø 4 mm

Hahn

Material:

Wolle in Weiß
Filz in Orange, Weiß und Rot
Je zwei Chenilledrähte in Rot und Gelb
2 schwarze Perlen, Ø 4 mm

Hund

Material:

Wolle in Orange und Weiß
Filz in Orange, Hellgelb und Schwarz
Kleine Pompons: 2 in Weiß, 1 in Gelb
2 schwarze Perlen, Ø 4 mm

Schwein

Material:

Wolle in Rosa
Filz in Hautfarbe, Weiß und Beige
2 kleine weiße Pompons
2 schwarze Perlen, Ø 4 mm

Die Vorlagen findest du auf den Seiten 60-61.

2

Im Zirkus

Die Zirkustiere laufen in die Arena ein!
Manche von ihnen balancieren auf einem Seil, andere springen durch brennende Feuerringe.
Herzlich willkommen!
Die Vorstellung beginnt!

Pinguin

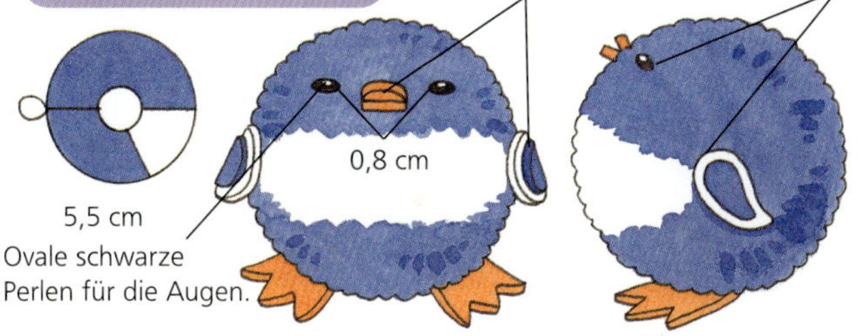

Eichhörnchen

Bärchen

Clown-Hündchen

Clown

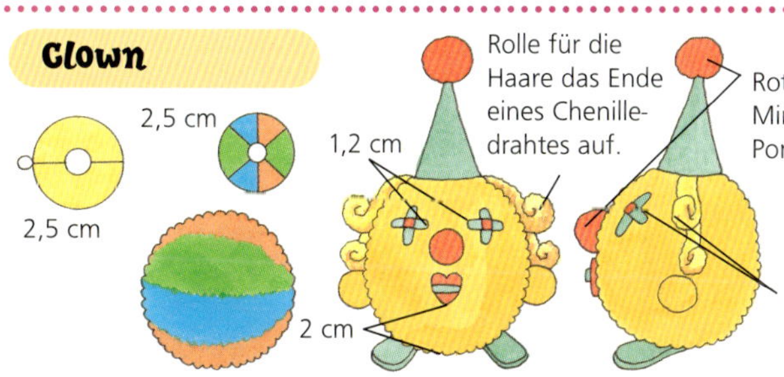

Die Vorlagen findest du auf Seite 61.

Rosa Kaninchen

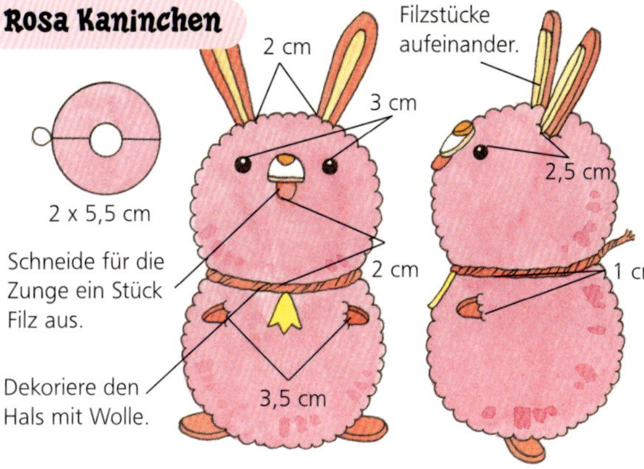

Blauer Widder

Pinguin

Material:

Wolle in Blau und Weiß
Filz in Orange, Blau und Weiß
2 ovale schwarze Perlen, Ø 6 mm

Eichhörnchen

Wolle in Orange und Weiß
Filz in Weiß und Orange
2 schwarze Perlen, Ø 3 mm
1 orangefarbene Perle, Ø 1 mm
Nähgarn in Schwarz

Bärchen

Wolle in Gelb
Filz in Rot, Schwarz und Weiß
2 schwarze Perlen, Ø 3 mm
Nähgarn in Schwarz

Clown-Hündchen

Wolle in Weiß
Filz in Schwarz, Orange und Grün
1 orangefarbene Perle, Ø 2 mm
2 schwarze Perlen, Ø 3 mm
Nähgarn in Schwarz

Clown

Material:

Wolle in Gelb
Filz in Grün und Rot
Je 2 kleine rote und gelbe Pompons
2 Chenilledrähte in Gold

Rosa Kaninchen

Wolle in Rosa und Rot
Filz in Pink, Hautfarbe, Weiß, Orange und Gelb
Chenilledraht in Rot
2 schwarze Perlen, Ø 3 mm

Blauer Widder

Wolle in Weiß und Himmelblau
Filz in Blau, Schwarz, Weiß, Orange unb Gelb
Chenilledraht in Blau
2 schwarze Perlen, Ø 3 mm

3

Auf der Weide

Die Sonne scheint, aber es ist kühl. Ein Duft von wilden Blumen liegt in der Luft.
Wie wär's mit einem Spaziergang zu den Herden auf der Weide?

Großes braunes Schaf

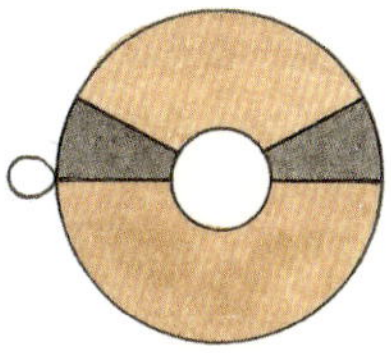

Körper: 7 cm

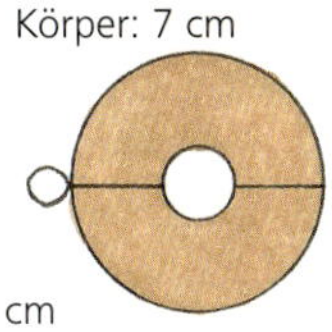

Kopf: 5,5 cm

Nähe die beiden Pompons mit Nadel und Faden zusammen.

Nähe die beiden Pompons mit Nadel und Faden zusammen.

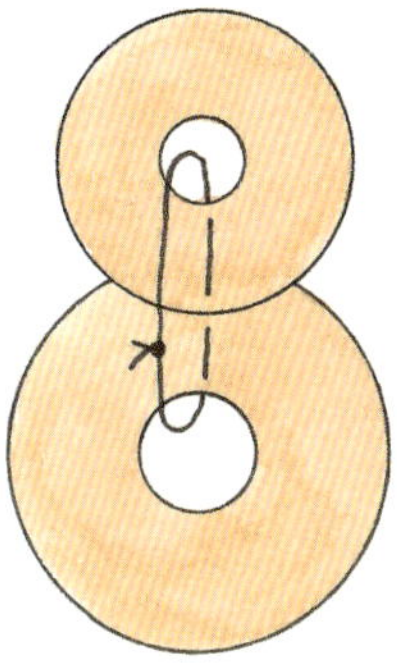

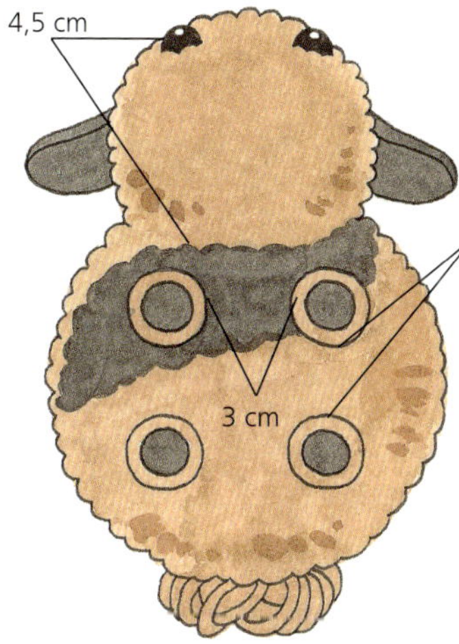

Schwanz: Arbeite diesen wie die Haare (siehe unten).

So wird ein Wollfaden für die Haare aufgerollt.

Befestige das Haarbüschel mit Kleber auf dem Kopf.

So werden die Haare gemacht:

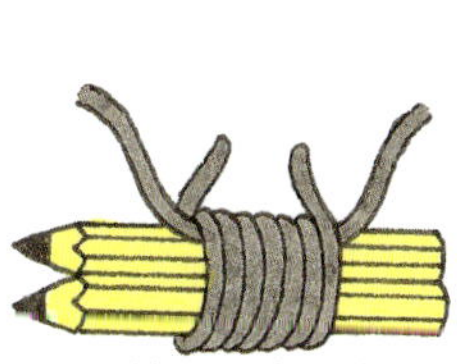

1. Umwickle 2 Stifte 7 bis 8 Mal mit Wolle.

2. Entferne die Stifte und verknote die Fäden gut.

3. Befestige den Haarschopf mit Kleber am Kopf.

So werden die Beine und Hufe gemacht:

1. Trage Kleber auf einer Seite des Beins auf.

2. Wickle das Filzstück so auf, dass eine Rolle entsteht.

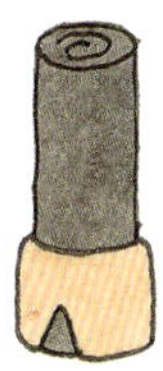

4. Wickle die Hufe um die Vorderseite jedes Beins und klebe sie fest.

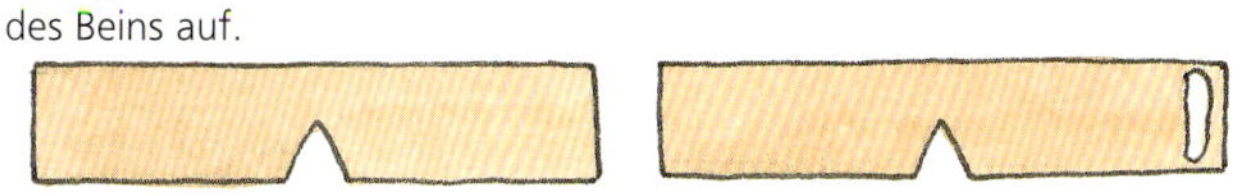

3. Trage für die Hufe Kleber auf einer Seite des Filzstücks auf.

Großes braunes Schaf

Material:

Wolle in Braun und Schwarz
Filz in Braun und Schwarz
2 schwarze Perlen, Ø 6 mm

Die Vorlagen findest du auf Seite 37.

Weißes Schaf

Material:

Wolle in Weiß und Rosa
Filz in Weiß und Beige
2 schwarze Perlen, Ø 6 mm

Kuh

Material:

Wolle in Weiß, Schwarz und Rosa
Filz in Hautfarbe, Schwarz und Beige
2 schwarze Perlen, Ø 6 mm
Lederband, 30 cm lang
1 Glöckchen

Kleines Schaf

Material:

Wolle in Braun und Schwarz
Filz in Schwarz
Kleine Pompons: 1 in Braun, 4 in Schwarz
2 schwarze Perlen

Weißes Schaf

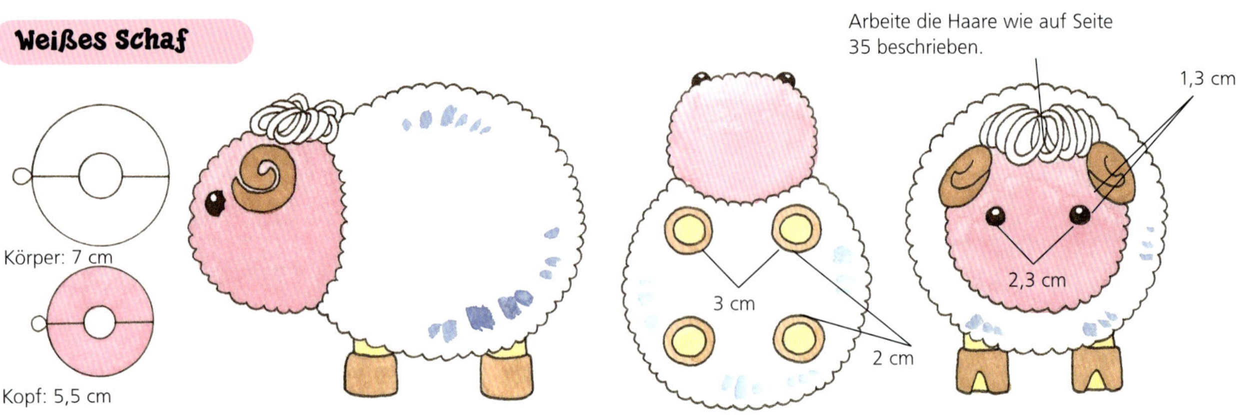

Kuh

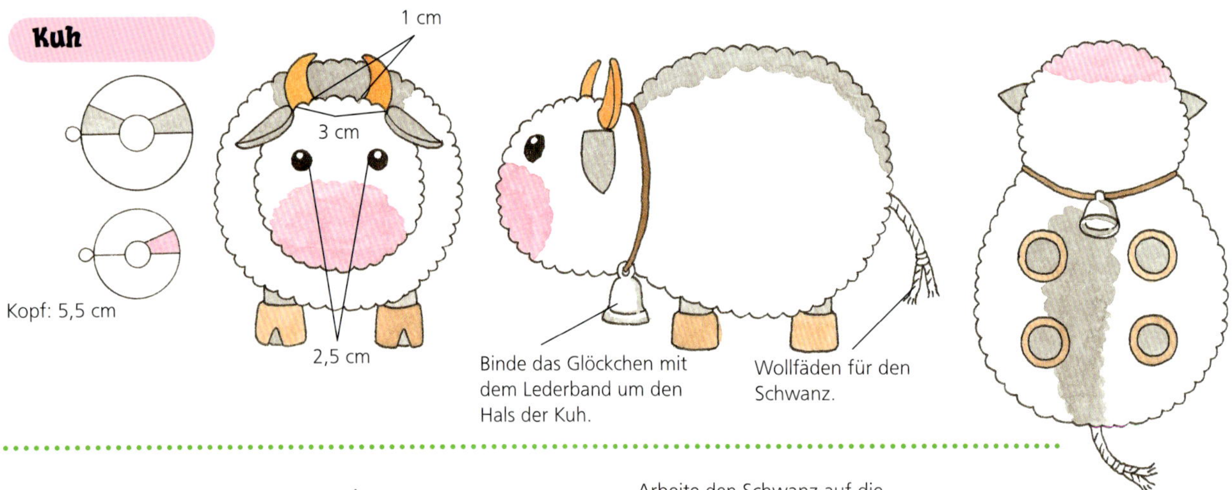

Kleines Schaf

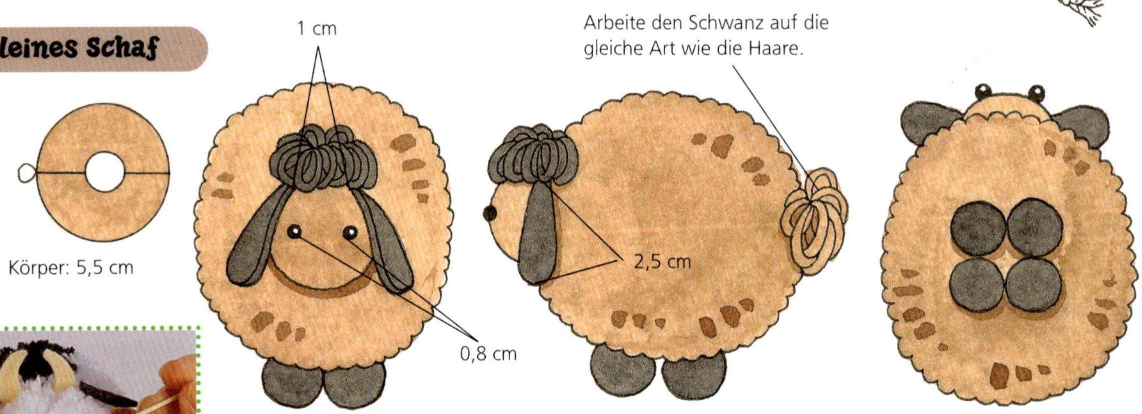

Male mit Acrylfarbe einen Punkt auf die Augen, um dem Blick des Schafes Ausdruck zu verleihen.

Die Vorlagen findest du auf Seite 37.

Kleines weißes Schaf

Kleine Kuh

Weißes Schaf

Material:

Wolle in Weiß
Filz in Beige
Kleine Pompons: 1 in Beige, 4 in Gelb
2 schwarze Perlen, Ø 2 mm

Kleine Kuh

Material:

Wolle in Schwarz und Weiß
Filz in Hellgelb und Schwarz
Kleine Pompons: 1 in Beige, 4 in Schwarz
2 schwarze Perlen, Ø 2 mm
Lederband, 15 cm lang
1 Glöckchen

Vorlagen

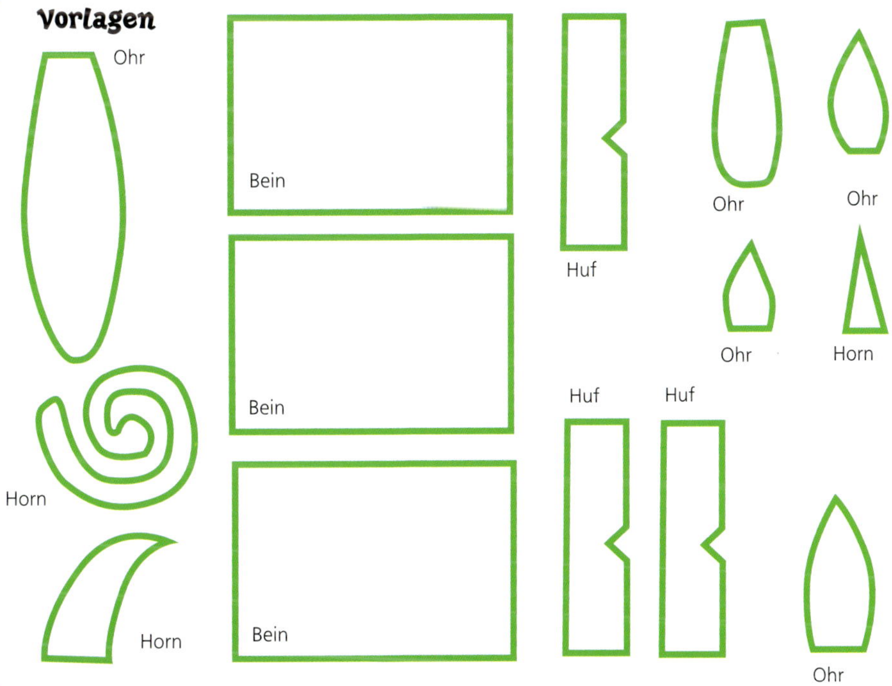

4

Süße Babys

Mit mehreren Pompons kannst du auch Puppen basteln.
Nähe einige Pompons zusammen, füge Haare und Augen hinzu und bemale sie mit Pastellfarben.
Und schon hast du frisch gewickelte Babys, die man gleich auf den Arm nehmen möchte!

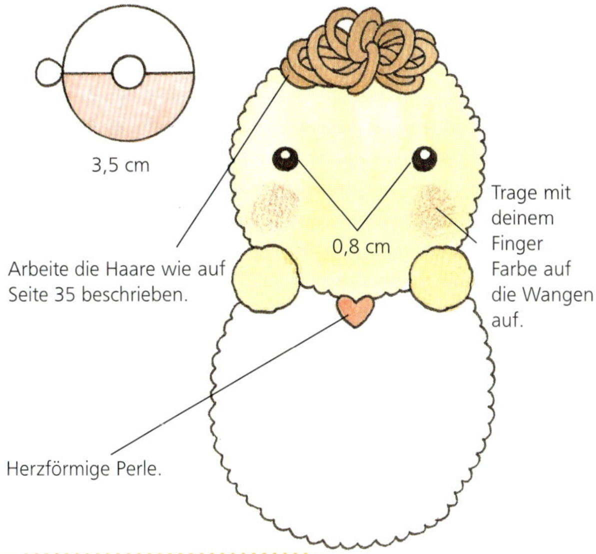

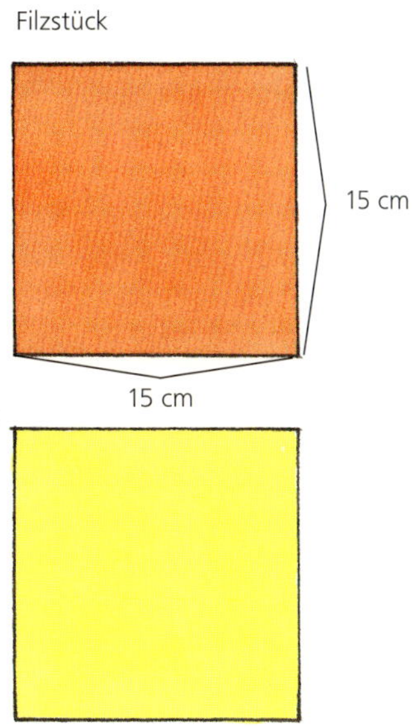

Färbe die Wangen des Püppchens mit Pastellkreide.

Wickle für die Haare Wolle auf.

Wenn du deine Babys in eine Decke wickeln möchtest, folge einfach den drei Schritten.

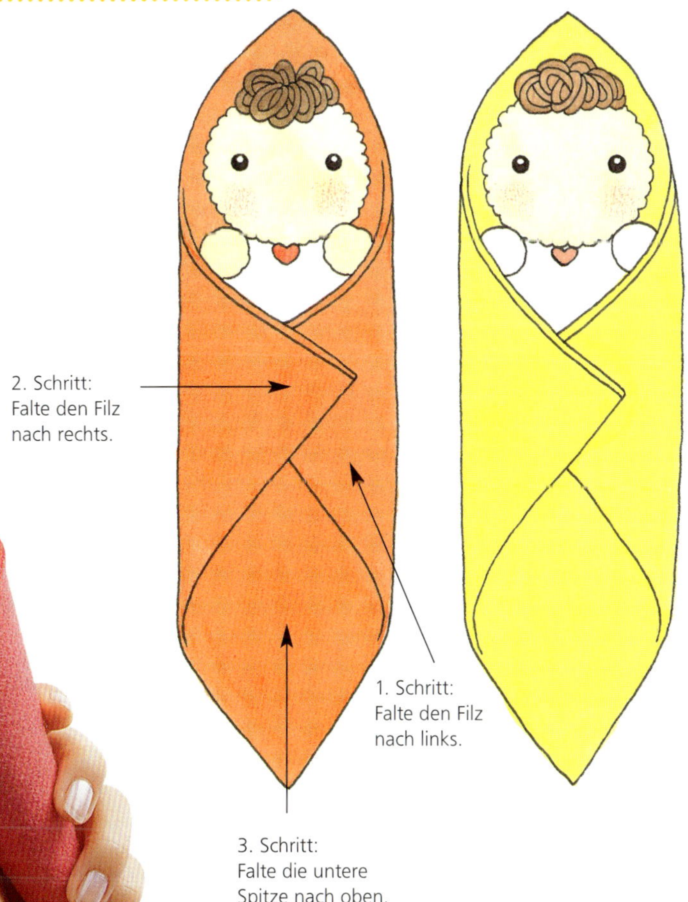

Material:

Wolle in Weiß, Creme, Rosa, Beige, Orange
Filz in Grün, Orange, Hellgelb und Pink
Je 2 kleine weiße oder beigefarbene Pompons
Je 2 schwarze Perlen, Ø 6 mm, 1 rotes Herz

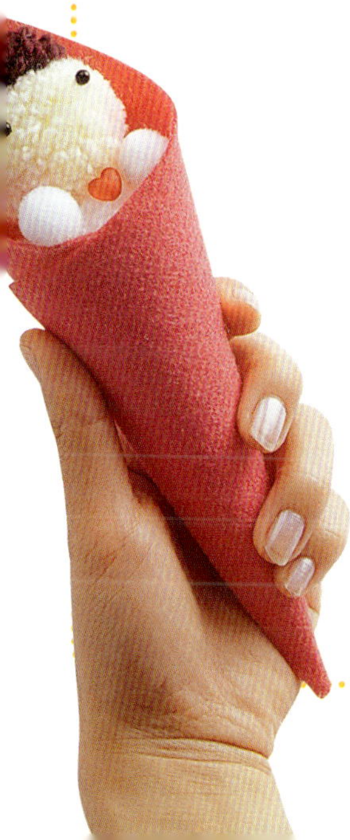

5

Bärenbrüder

Diese beiden süßen Bären sind ganz einfach. Bastle für jedes Bärchen acht Pompons, nähe sie zusammen und verziere sie. Und schon hast du zwei neue Spielkameraden!

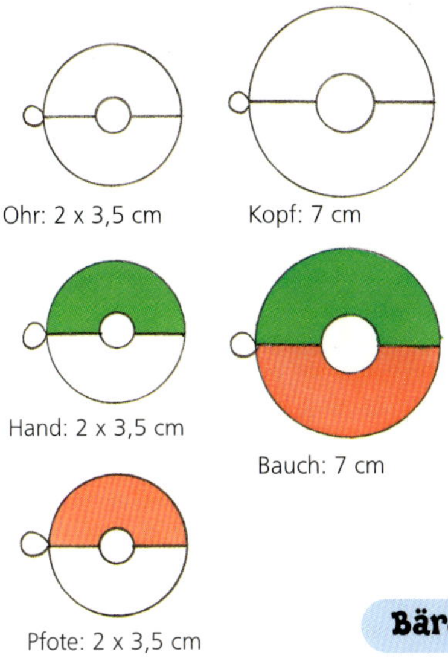

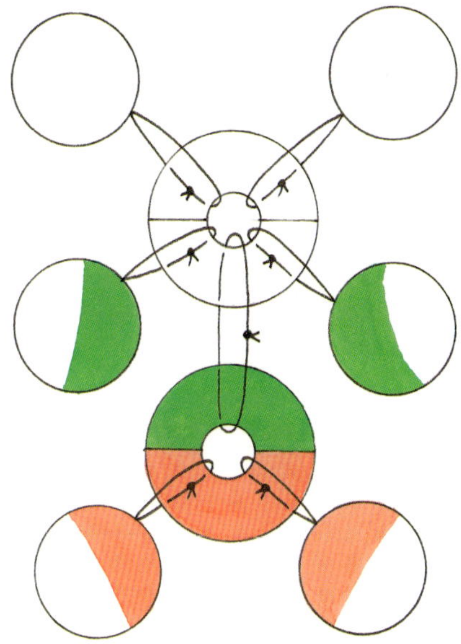

Nähe acht Pompons mit Nähgarn zusammen.

Bärchen mit blauer Hose

Material:

Wolle in Orange, Himmelblau und Weiß
Filz in Gelb und Grün
2 schwarze Perlen, Ø 5 mm
Nähgarn in Schwarz, 10 cm lang

Vorlagen

Schnauze

Knopf

Bärchen mit roter Hose

Material:

Wolle in Grün, Rot und Weiß
Filz in Gelb
2 schwarze Perlen, Ø 5 mm
Nähgarn in Schwarz, 10 cm lang

III.
Teil

Tolle Accessoires für jeden Tag

Mit Pompons kannst du auch Dinge des täglichen Gebrauchs verzieren.
Mit Pompons dekorierte Schlüsselanhänger, Handys, Haarklammern und Haarspangen machen einfach gute Laune.

Die Technik ist einfach. Also los, machen wir uns an die Arbeit!

Panasonic

Schlüsselanhänger

Fädle einen 3,5 cm großen Pompon auf einen Faden, befestige ihn an der Kette eines Schlüsselanhängers und schon hast du einen sehr dekorativen Begleiter.
Du kannst ihn auch an deiner Tasche befestigen, das sieht toll aus.
Bei jedem Schritt schwingt dein Pompon-Anhänger mit.

Außerirdischer

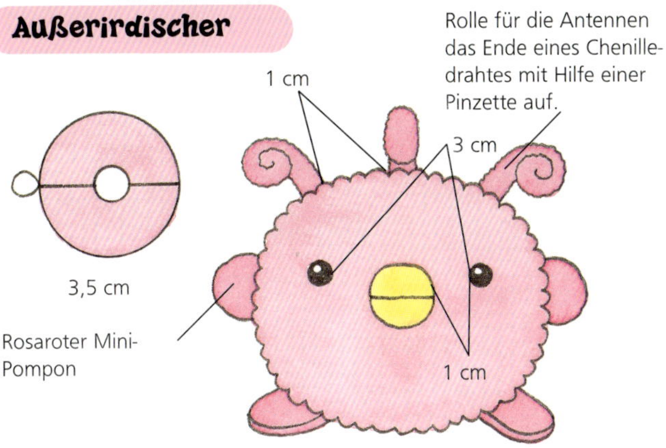

Führe den Faden senkrecht durch den Pompon und forme eine kleine Schleife über dem Pompon.

Führe das Kettchen durch den Faden, um es am Pompon zu befestigen.

Rosarotes Bärchen

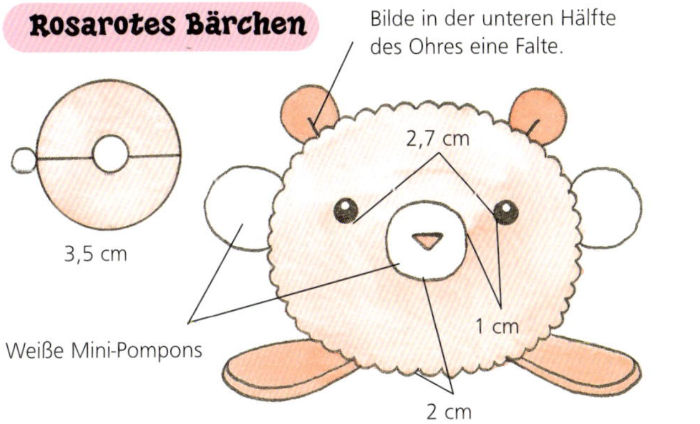

Kaulquappe

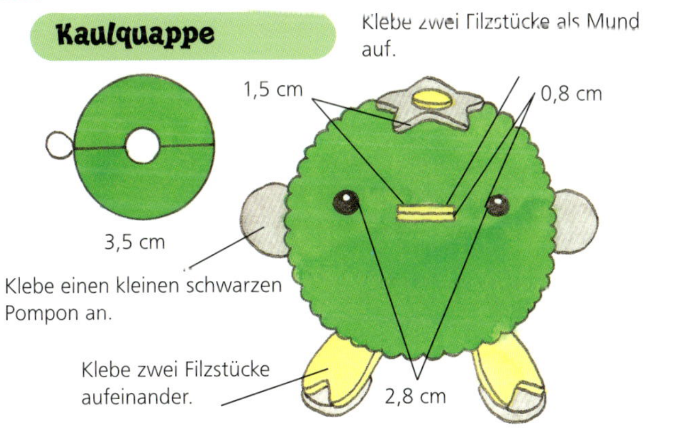

Frosch

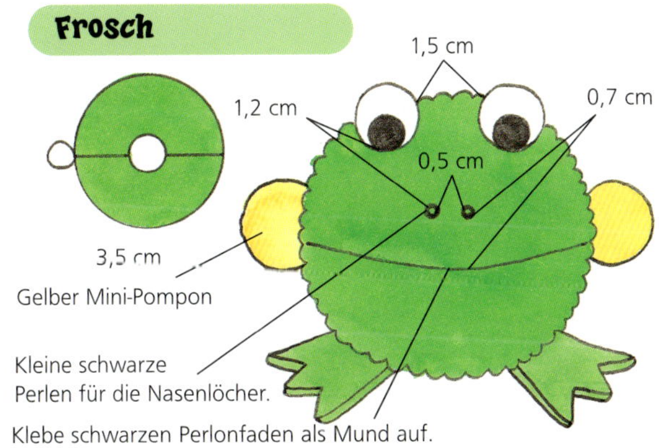

Außerirdischer

Material:

Wolle in Rosa
Filz in Violett und Gelb
2 kleine violette Pompons
3 Chenilledrähte in Violett
2 schwarze Perlen, Ø 3 mm
Nähgarn in Schwarz, 10 cm lang

Frosch

Material:

Wolle in Grün
Filz in Grün
2 kleine gelbe Pompons
2 schwarze Perlen, Ø 2 mm
Perlonfaden in Schwarz, 4,5 cm lang
2 Wackelaugen, Ø 1 cm

Rosarotes Bärchen

Material:

Wolle in Hellrosa
Filz in einem kräftigen Rosa
3 kleine weiße Pompons
2 schwarze Perlen, Ø 3 mm

Kaulquappe

Material:

Wolle in Grün
Filz in Gelb und Schwarz
2 kleine schwarze Pompons
2 schwarze Perlen, Ø 3 mm

Vorlagen

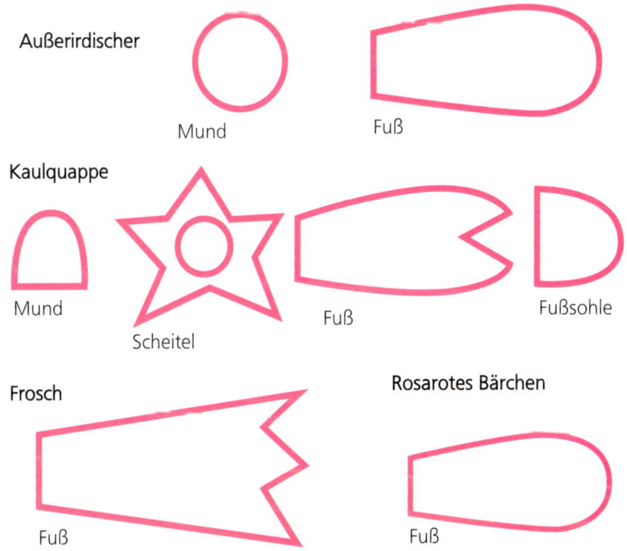

Ringe

Auch am Finger kann man hübsche Pompons tragen.
Dieser Modeschmuck ist super-originell!

Vorlage

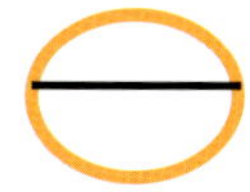

Kleiner gelber Hahn

Kleines grünes Kaninchen

Kleiner gelber Hahn

Material:

Wolle in Gelb
Filz in Orange
Chenilledraht in Orange
2 schwarze Perlen, Ø 3 mm
12 bis 15 gelbe und grüne Perlen

Kleines grünes Kaninchen

Material:

Wolle in Grün
Filz in Gelb
Chenilledraht in Orange
2 schwarze Perlen, Ø 3 mm
30 gelbe und grüne Perlen
Nähgarn in Schwarz, 10 cm lang

Du wirst sehen: Wenn du diesen Ring trägst, scheint es, als ob der Pompon auf deiner Hand tanzen würde!

3

Haarschmuck

Haargummis, Haarklammern, Haarspangen, Haarkämme,
die mit farbenprächtigen Pompons verziert sind, stehen dir gut!

Haargummi

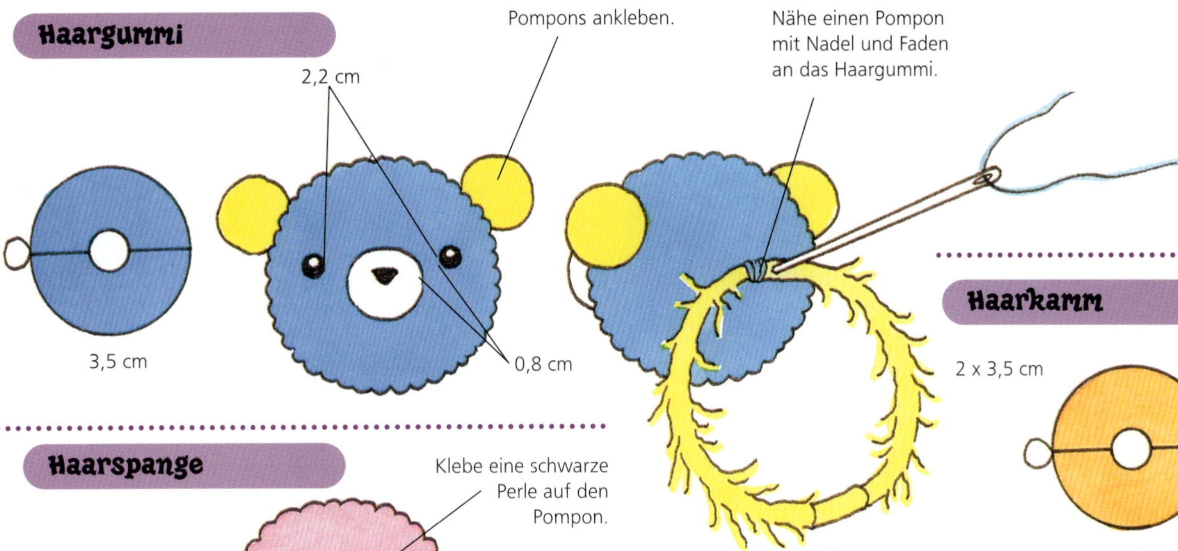

Haarspange

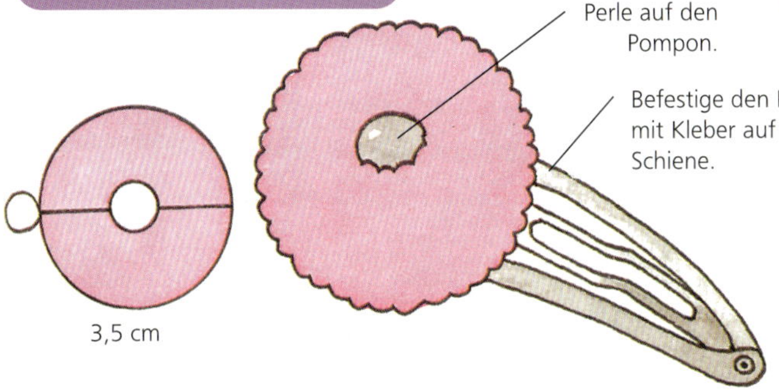

Haarkamm

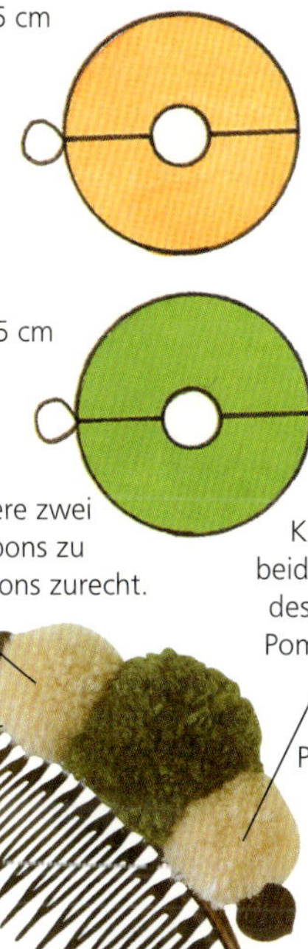

Haarnadel

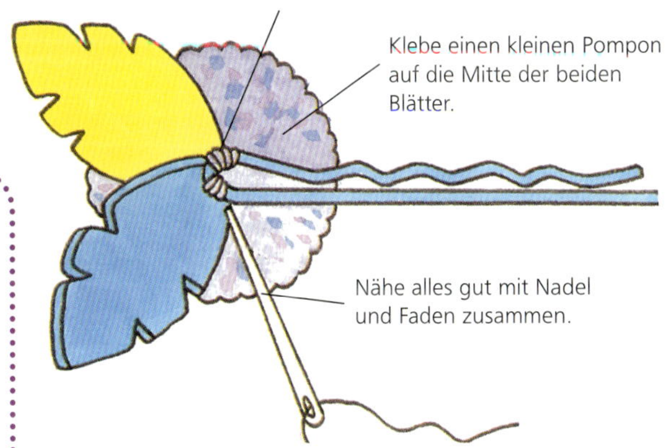

Vorlage

Blatt

Haargummi

Material:

Wolle in Himmelblau
Filz in Schwarz
Kleine Pompons: 2 in Gelb, 1 in Weiß
2 schwarze Perlen, Ø 3 mm
1 gelbes Haargummi

Haarspange

Material:

Wolle in Rosa
1 schwarze Perlen, Ø 6 mm
1 Haarspange

Haarnadel

Material:

Wolle in einer beliebigen Farbe
Filz in Dunkelgrün und Hellgrün
1 lange Haarnadel

Haarkamm

Material:

Wolle in Dunkelgrün und Beige
2 kleine schwarze Pompons
1 Haarkamm

4

Kleine Handtasche

Mit ihren grünen Blättern und ihren farbenprächtigen Pompons lässt diese Handtasche alle Mädchenherzen höher schlagen.

Kleine Handtasche

Material:

Wolle in Pink
Filz in Grün, Hellgrün und Hellgelb
1 rosafarbener Pompon
2 kleine gelbe Pompons
1 schwarze Perle, Ø 6 mm, 1 blütenförmiger Holzknopf
Kordel in Schwarz, geflochten
Nähgarn in Schwarz und Grün

Lege zwei unterschiedlich grüne Blätter aufeinander und nähe sie zusammen.

Nähstich an den Taschenrändern.

3,5 cm großer Pompon

Die fertige Tasche kannst du als Umhängetäschchen tragen.

Fädle die Kordel durch das Loch und verknote sie.

Vorlagen

Kleines Blatt

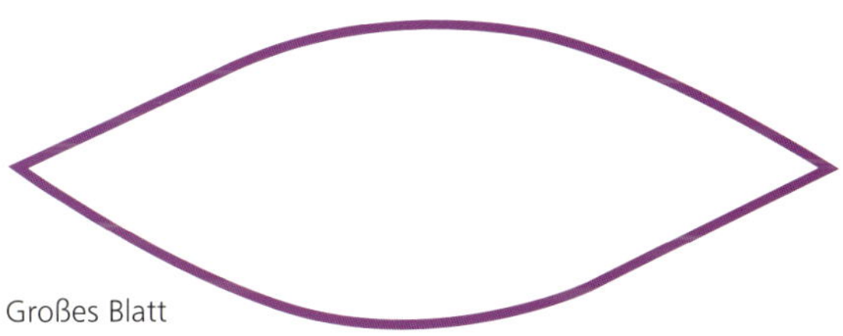

Großes Blatt

5

Gelb-grüner Schal

Frühlingsfarben sind angesagt!.
Nähe Pompons in fröhlichen Farben an deinen Strickschal.
Suche alte Schals und verwandle sie mit diesen neuen Accessoires!

Gelb-grüner Schal

Material:

Wolle in Grün und Gelb
Orangeroter Strickschal

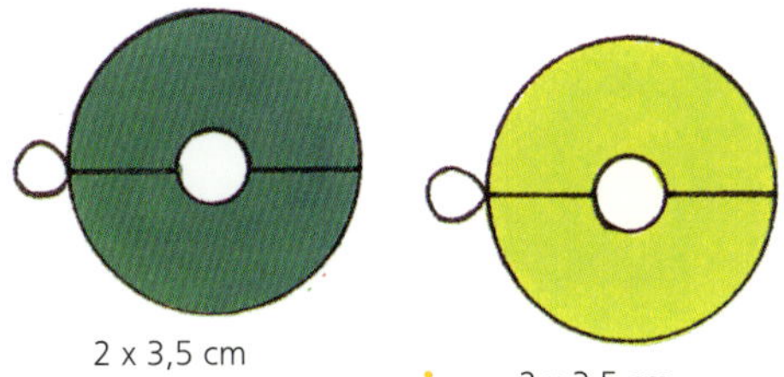

2 x 3,5 cm

2 x 3,5 cm

Nähe die kleinen Pompons mit Nadel und Faden zusammen.

So trägst du den Schal um einen Kragen

Bluse

Hier wurde eine langweilige Bluse toll aufgepeppt.

Jeansjacke

Eine lässige Jacke mit dem gerade herabfallenden, locker gebundenen Schal um den Kragen. Wirklich elegant!

Schwarzer Rollkragenpulli

Am besten ist ein Schal aus leuchtenden Farben. Mit einigen an den Schal genähten Pompons sieht das sehr chic aus!

6

Farbenprächtiger Blumentopf

Darauf muss man erst einmal kommen! Mit ein paar zusammengesteckten Pompons kannst du sogar Blumentöpfe basteln! Du brauchst weder Wasser noch Dünger. Stell sie nur auf einen Tisch und schon hast du eine tolle Blumendekoration!

Sonnenblumen

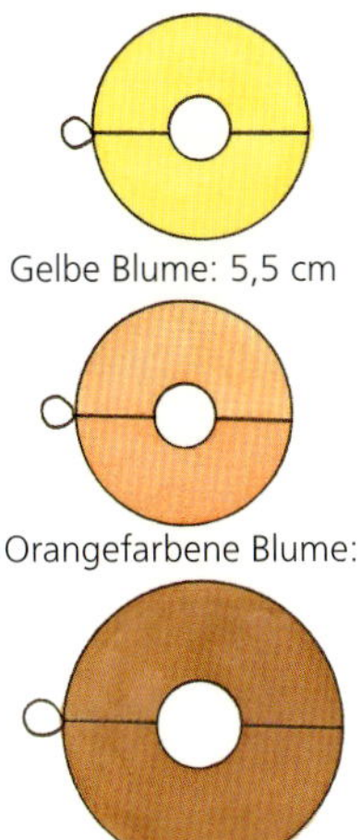

Vorlage

Blatt der Sonnenblume

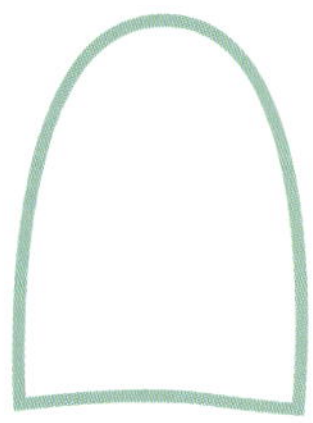

Weihnachtsbaum

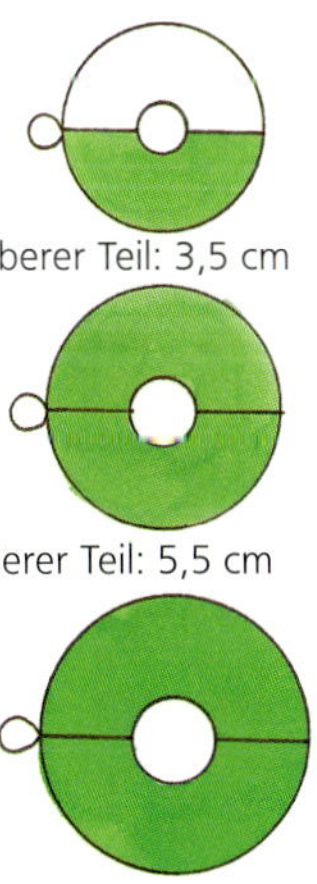

Sonnenblumen

Material:

Wolle in Braun, Gelb und Orange
Filz in Purpurrot, Grün und Dunkelgrün
Kleine Pompons, 4 in Pink, 4 in Gelb
2 Chenilledrähte in Grün
4 schwarze Perlen, Ø 7 mm
Blumentopf

Weihnachtsbaum

Material:

Wolle in Grün und Weiß
Filz in Grün, Blau, Rot und leuchtend Orange
6 kleine weiße Pompons
5 goldene Bänder
Blumentopf

7

Lustige Hängedekoration

Wenn dir dein Zimmer schmucklos und langweilig vorkommt, dekoriere es doch einfach mit Pompons! Die Pompons zum Aufhängen verleihen ihm einen originellen und fröhlichen Touch. Nimm ein paar leuchtende Farben und dein Zimmer ist im Nu verwandelt!

Lustige Hängedekoration

Material:

Wolle in Neongrün, Gelb, Hellblau und Hellgelb
Filz in Hellgelb und Orangerot
Kleine Pompons, 2 in Weiß, 2 in Gelb, 2 in Rot
2 schwarze Perlen, Ø 6 mm, 1 rotes Herz

Flechte aus mehreren Wollfäden einen Zopf als Aufhänger für den Deko-Pompon.

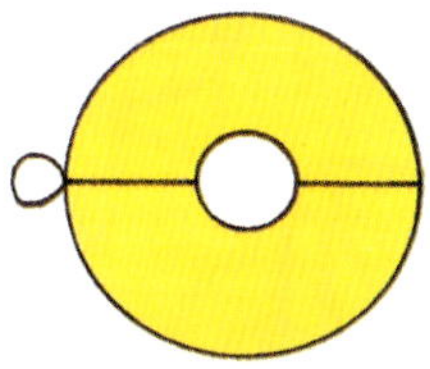

3 x 5, 5 cm

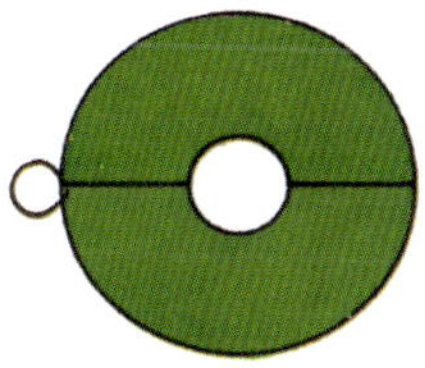

4 x 5, 5 cm

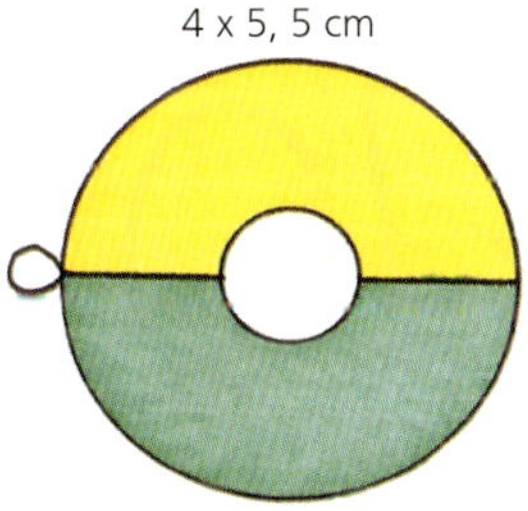

9 cm

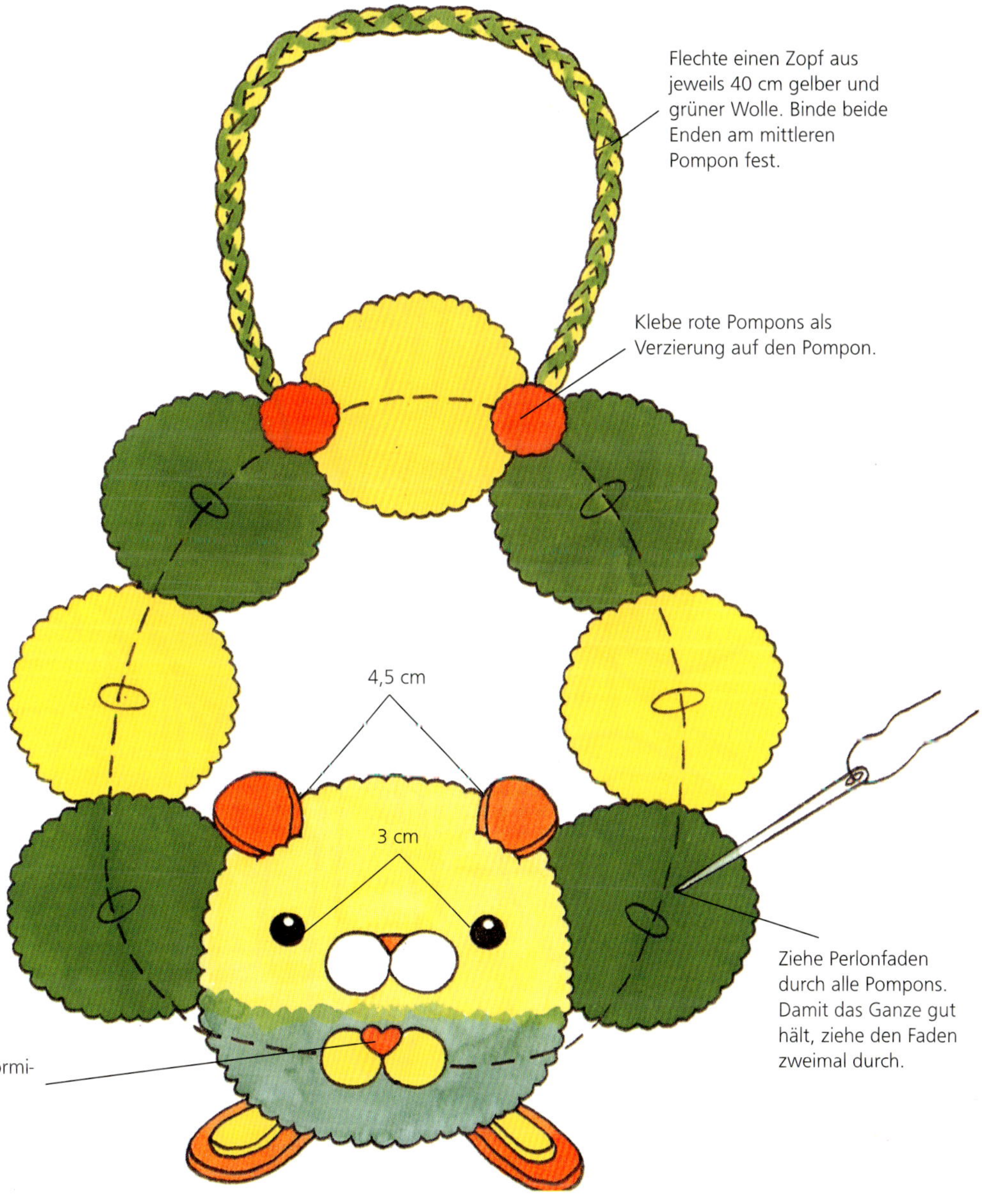

Flechte einen Zopf aus jeweils 40 cm gelber und grüner Wolle. Binde beide Enden am mittleren Pompon fest.

Klebe rote Pompons als Verzierung auf den Pompon.

Ziehe Perlonfaden durch alle Pompons. Damit das Ganze gut hält, ziehe den Faden zweimal durch.

Klebe eine herzförmige rote Perle auf.

S. 28 – Die zwölf chinesischen Sternzeichen

Vorlagen

Schwein

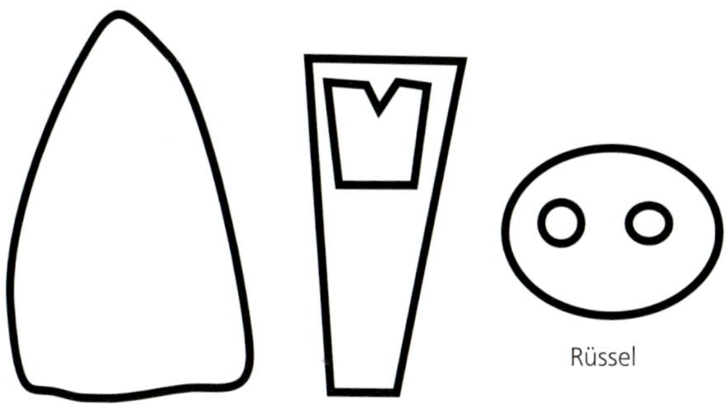

Clown-Hündchen

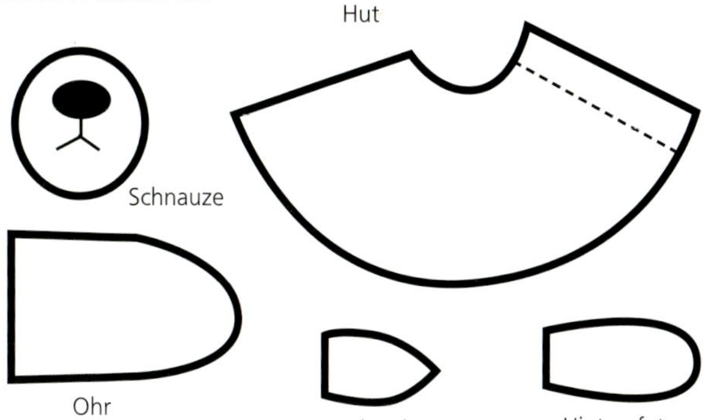

S. 32 – Im Zirkus

Gelbes Bärchen

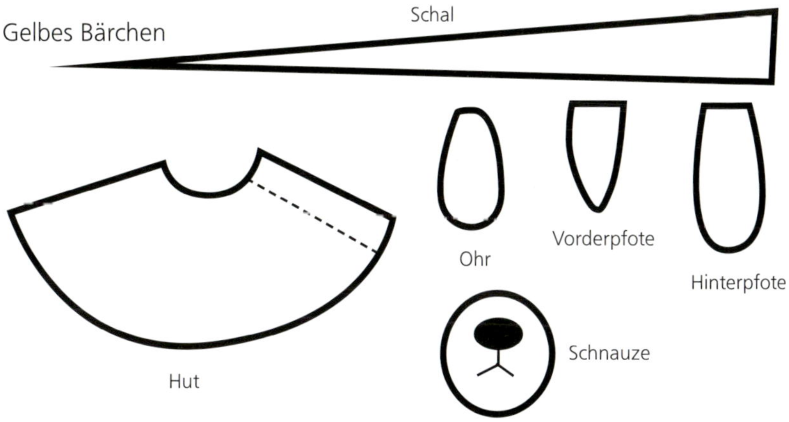

Blauer Pinguin

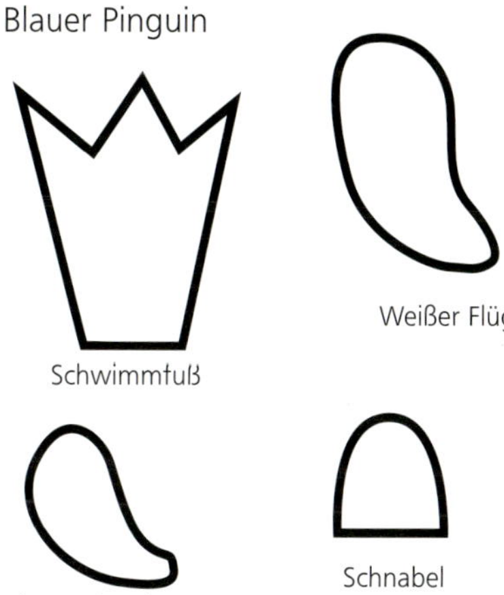

Rosa Kaninchen

Eichhörnchen

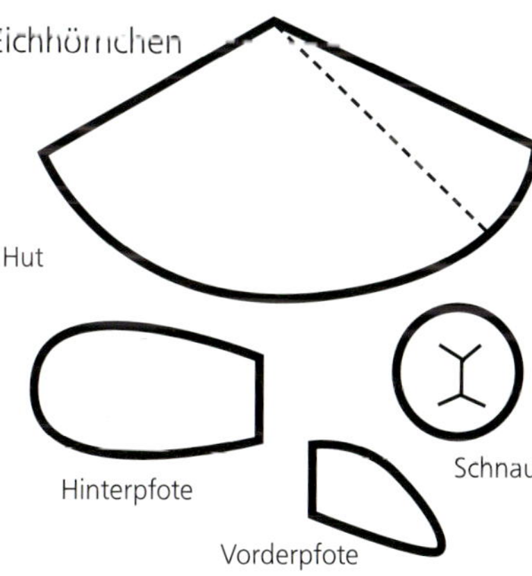

Blauer Widder

Clown

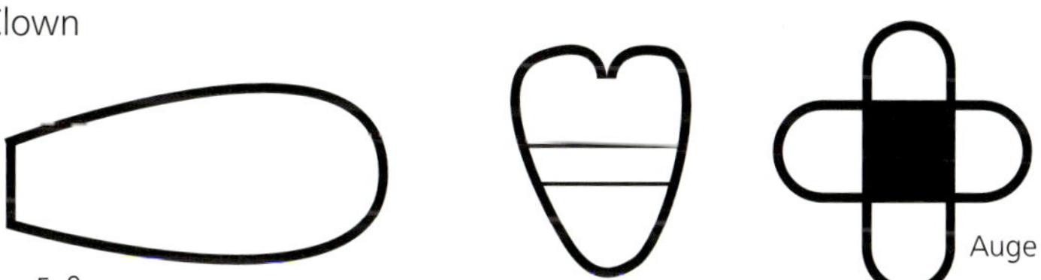

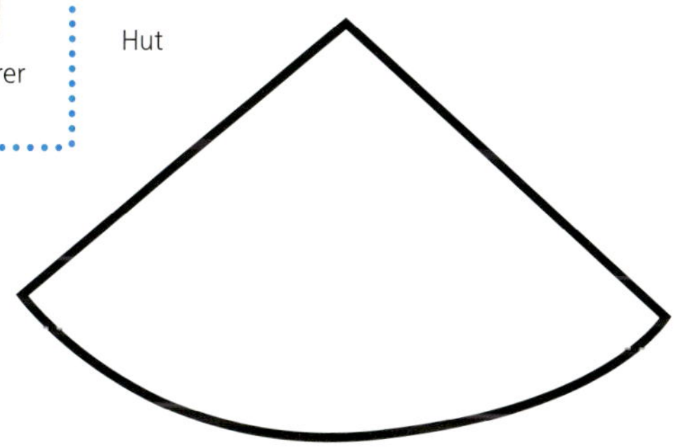

Notizen

Notizen

Die französische Originalausgabe erschien 2003
bei MFG EDUCATION, Frankreich, unter dem
Titel *Pompons à réaliser soi-même*

Traduction: Sabine Moreno
Conception et réalisation graphique: Anne-Sophie Bailly

Rechte der deutschen Ausgabe:
OZ-Verlags-GmbH, Rheinfelden
Buchverlag OZ creativ, Freiburg 2006

Satz: heydesign

ISBN-10: 3-89858-923-4
ISBN-13: 978-3-89858-923-9 (gültig ab 1.1.2007)